MARION DE LORME,

DRAME EN CINQ ACTES,

PAR M. VICTOR HUGO,

Représenté pour la première fois, à Paris, le 11 août 1831, sur le théâtre de la Porte Saint-Martin.

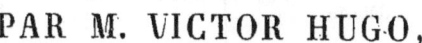

PERSONNAGES.

MARION DE LORME.
DIDIER.
LOUIS XIII.
LE MARQUIS DE SAVERNY.
LE MARQUIS DE NANGIS.
L'ANGELY.
M. DE LAFFEMAS.
LE DUC DE BELLEGARDE.
LE MARQUIS DE BRICHANTEAU.
LE COMTE DE GASSÉ.
LE VICOMTE DE BOUCHAVANNES. } OFFICIERS DU RÉGIMENT D'ANJOU.
LE CHEVALIER DE ROCHEBARON.
LE COMTE DE VILLAC.
LE CHEVALIER DE MONTPESAT.

LE SCARAMOUCHE.
LE GRACIEUX. } COMÉDIENS DE PROVINCE.
LE TAILLEBRAS.
LE CRIEUR PUBLIC.
LE CAPITAINE QUARTENIER DE LA VILLE DE BLOIS.
UN GEOLIER.
UN GREFFIER.
UN CONSEILLER PRÈS LA GRAND'CHAMBRE.
DAME ROSE.
DES SEIGNEURS DU LEVER DU ROI.
DES OUVRIERS.
DES COMÉDIENS DE PROVINCE.
GARDES, PEUPLE, GENTILSHOMMES, PAGES.

France. — 1638.

ACTE PREMIER.

Une chambre à coucher. — Au fond, une fenêtre ouverte sur un balcon. A droite, une table avec une lampe et un fauteuil. A gauche, une porte sur laquelle retombe une portière en tapisserie. Dans l'ombre, un lit.

SCÈNE I.

MARION DE L'ORME, *négligé très-paré, assise près de la table et brodant une tapisserie.* LE MARQUIS DE SAVERNY, *tout jeune homme blond sans moustache, vêtu à la dernière mode de 1638.*

SAVERNY, *s'approchant de Marion et cherchant à l'embrasser.*
Réconcilions-nous, ma petite Marie !
   MARION, *le repoussant.*
Réconcilions-nous de moins près, je vous prie.
   SAVERNY, *insistant.*
Un seul baiser !
   MARION, *avec colère.*
   Monsieur le marquis !
      SAVERNY.
         Quel courroux !
Votre bouche eut parfois des caprices plus doux.
   MARION.
Vous oubliez...

      SAVERNY.
   Non pas ! Je me souviens, ma belle.
   MARION, *à part.*
L'importun ! le fâcheux !
      SAVERNY.
         Parlez, mademoiselle.
Que devons-nous penser de la brusque façon
Dont vous quittez Paris ? et pour quelle raison,
Tandis que l'on vous cherche à la Place-Royale,
Vous retrouvé-je à Blois, cachée ?... Ah ! déloyale !
Qu'est-on venue ici faire depuis deux mois ?
   MARION.
Je fais ce que je veux, et veux ce que je dois.
Je suis libre, monsieur.
      SAVERNY.
         Libre ! et dites, madame,
Sont-ils libres aussi ceux dont vous avez l'âme ?
Moi, — Gondi, qui passa, l'autre jour, devant nous,
La moitié de sa messe, ayant un duel pour vous ; —
Nesmond, — le Pressigny, d'Arquien, les deux Caussa-
Tous de votre départ si fâchés, si maussades, [des ;

Que leurs femmes comme eux te voudraient à Paris,
Pour leur faire après tout de moins tristes maris !
MARION, *souriant.*
Et Beauvillain ?...
SAVERNY.
Toujours il vous aime.
MARION.
Et Céreste ?
SAVERNY.
Il vous adore.
MARION.
Et Pons ?
SAVERNY.
Celui-là vous déteste.
MARION.
C'est le seul amoureux.—Et le vieux président ?..—
Riant.
Son nom, déjà ?...
Riant plus fort.
Leloup !
SAVERNY.
Mais en vous attendant,
Il a votre portrait, et fait mainte élégie.
MARION.
Oui, voilà bien deux ans qu'il m'aime en effigie.
SAVERNY.
Ah ! qu'il aimerait mieux vous brûler !—Ça, vraiment,
Peut-on fuir tant d'amis ?
MARION, *sérieuse et baissant les yeux.*
Marquis, précisément.
Ce sont, à parler franc, les causes de ma fuite ;
Tous ces brillants péchés qui, jeune, m'ont séduite,
N'ont laissé dans mon cœur que regrets trop souvent.
Je viens dans la retraite, et peut-être au couvent,
Expier une vie impure et débauchée.
SAVERNY.
Gageons qu'une amourette est là-dessous cachée !
MARION.
Vous croiriez...
SAVERNY.
Que jamais ensemble on ne dut voir
Un voile et tant d'éclairs sous les cils d'un œil noir.
C'est impossible.—Allons ! vous aimez en province !
Clore un si beau roman d'un dénoûment si mince !
MARION.
Il n'en est rien.
SAVERNY.
Gageons !
MARION.
Rose, quelle heure est-il ?
DAME ROSE, *du dehors.*
Minuit bientôt.
MARION, *à part.*
Minuit !
SAVERNY.
Le détour est subtil
Pour dire : Allez-vous-en !
MARION.
Je vis fort retirée...
Ne recevant personne et de tous ignorée...
Puis, il vous peut si tard arriver des malheurs...
Cette rue est déserte et pleine de voleurs.
SAVERNY.
Soit : je serai volé.
MARION.
Parfois on assassine !
SAVERNY.
On m'assassinera.
MARION.
Mais...
SAVERNY.
Vous êtes divine !
Mais avant de partir je veux savoir de vous
Quel est l'heureux berger qui nous succède à tous.

MARION.
Personne.
SAVERNY.
Je tiendrai secrètes vos paroles.
Nous autres gens de cour, on nous croit têtes folles,
Médisants, curieux, indiscrets, brouillons ; mais
Nous bavardons toujours et ne parlons jamais. —
Vous vous taisez ?..
Il s'assied.
Je reste.
MARION.
Eh bien, oui ! que m'importe !
J'aime et j'attends quelqu'un !
SAVERNY.
Parlez donc de la sorte !
A la bonne heure ! Où donc l'attendez-vous ?
MARION.
Ici.
SAVERNY.
Et quand ?
MARION.
Dans un instant.
Elle va au balcon et écoute.
Peut-être le voici.
Revenant.
Non.
A Saverny.
Vous voilà content.
SAVERNY.
Pas trop.
MARION.
Partez, de grâce.
SAVERNY.
Oui, mais nommez-le-moi, ce galant qui me chasse
Et pour qui je me vois ainsi congédier.
MARION.
Je ne connais de lui que le nom de Didier,
Il ne connait de moi que le nom de Marie.
SAVERNY, *éclatant de rire.*
Vrai ?
MARION.
Vrai.
SAVERNY, *riant.*
Mais, pasquedieu, c'est de la bergerie
Que ces amitiés-là ! c'est du Segrais tout pur.
Il va donc pour entrer escalader ce mur ?
MARION.
Peut-être. — Maintenant, partez vite.
A part.
Il m'assomme !
SAVERNY, *reprenant son sérieux.*
Savez-vous seulement s'il est bon gentilhomme ?
MARION.
Je n'en sais rien.
SAVERNY.
Comment !
A Marion qui le pousse doucement vers la porte.
Je pars...
Il revient.
Encore un mot,
J'oubliais : un auteur, qui n'est pas un grimaud,
Il tire un livre de sa poche et le remet à Marion.
A fait pour vous ce livre. Il cause un bruit énorme.
MARION, *lisant le titre.*
La Guirlande d'amour, à Marion de Lorme.
SAVERNY.
On ne parle à Paris que *Guirlande d'amour*,
Et c'est, avec *le Cid*, le grand succès du jour.
MARION, *prenant le livre.*
C'est fort galant. Bonsoir.
SAVERNY.
A quoi bon être illustre !
Venir à Blois filer l'amour avec un rustre !

MARION, *appelant dame Rose.*
Prenez soin du marquis, Rose, et le dirigez.
SAVERNY, *saluant.*
Marion ! Marion ! Hélas ! vous dérogez !
Il sort.

SCÈNE II.

MARION, *seule.*

Elle referme la porte par laquelle Saverny est sorti.
Va, va donc !... Je tremblais que Didier...
On entend sonner minuit.
Minuit sonne.
Après avoir compté les coups.
Minuit ! — Mais il devrait être arrivé...
Elle va au balcon et regarde dans la rue.
Personne !
Elle revient s'asseoir avec humeur.
Être en retard ! — Déjà !
Un jeune homme paraît derrière la balustrade du balcon, la franchit lestement, entre et dépose sur un fauteuil son manteau et une épée de main. Le costume du temps, tout noir. Bottines. — Il fait un pas, s'arrête et regarde quelques instants Marion assise et les yeux baissés.

SCÈNE III.

MARION, DIDIER.

MARION, *levant tout à coup les yeux.* — *Avec joie.*
Ha !
Avec reproche.
Me laisser compter
L'heure en vous attendant !
DIDIER, *gravement.*
J'hésitais à monter.
MARION, *piquée.*
Ah ! monsieur !
DIDIER, *sans y prendre garde.*
Tout à l'heure, au pied de ces murailles,
J'ai senti de pitié s'émouvoir mes entrailles,
Oui de pitié pour vous. — Moi, funeste et maudit,
Avant que d'achever ce pas, je me suis dit :
«Là haut, dans sa vertu, dans sa beauté première,
»Veille, sans tache encore, un ange de lumière,
»Un être chaste et doux, à qui sur les chemins
»Les passants, à genoux, devraient joindre les mains.
»Et moi, qui suis-je, hélas ! qui rampe en la foule?!
»Pourquoi troubler cette eau si belle qui s'écoule?
»Pourquoi cueillir ce lys? Pourquoi d'un souffle impur
»De cette âme sereine aller ternir l'azur ?
»Puisqu'à ma loyauté, candide, elle se fie,
»Elle que l'innocence à mes yeux sanctifie,
»Ai-je droit d'accepter ce don de son amour,
»Et de mêler ma brume et ma nuit à son jour ?»
MARION, *à part.*
Çà, je crois qu'il me fait de la théologie.
Serait-ce un huguenot?
DIDIER.
Mais la douce magie
De votre voix, venant jusqu'à moi dans la nuit,
M'a tiré de mon doute et près de vous conduit.
MARION.
Quoi ! vous m'avez ouï parler? l'étrange chose !
DIDIER.
Avec une autre voix...
MARION, *vivement.*
Celle de dame Rose.
N'est-ce pas qu'on dirait une voix d'homme? Elle a

Le parler rude et fort. — Mais puisque vous voilà
Je ne vous en veux plus. — Seyez-vous, je vous prie,
Lui montrant une place près d'elle.
Ici.
DIDIER.
Non, à vos pieds.
Il s'assied sur un tabouret aux pieds de Marion et la regarde quelques instants dans une contemplation muette.
—Écoutez-moi, Marie.
J'ai pour tout nom Didier. Je n'ai jamais connu
Mon père ni ma mère. On me déposa nu,
Tout enfant, sur le seuil d'une église. Une femme,
Vieille et du peuple, ayant quelque pitié dans l'âme,
Me prit, fut ma nourrice et ma mère, en chrétien
M'éleva, puis mourut, me laissant tout son bien,
Neuf cents livres de rente, à peu près, dont j'existe.
Seul à vingt ans, la vie était amère et triste,
Je voyageai. Je vis les hommes ; et j'en pris
En haine quelques-uns, et le reste en mépris ;
Car je ne vis qu'orgueil, que misère et que peine
Sur ce miroir terni qu'on nomme face humaine.
Si bien que me voici, jeune encore, et pourtant
Vieux, et du monde las comme on l'est en sortant ;
Ne me heurtant à rien où je ne me déchire ;
Trouvant le monde mal, mais trouvant l'homme pire.
Or je vivais ainsi, pauvre, sombre, isolé,
Quand vous êtes venue, et m'avez consolé.
Je ne vous connais pas. Au détour d'une rue,
C'est à Paris qu'un soir vous m'êtes apparue.
Puis, je vous ai parfois rencontrée, et toujours
J'ai trouvé doux vos yeux et tendres vos discours.
J'ai craint de vous aimer, j'ai fui...—Hasard étrange !
Je vous retrouve ici, partout, comme mon ange !
Enfin, troublé d'amour, flottant, irrésolu,
J'ai voulu vous parler, vous avez bien voulu.
Maintenant, disposez de mon cœur, de ma vie.
A quoi puis-je être bon dont vous ayez envie?
Quel est l'homme ou l'objet qui vous est importun?
Voulez-vous quelque chose, et vous faut-il quelqu'un
Qui meure pour cela? qui meure sans rien dire
Et trouve tout son sang trop payé d'un sourire?
Vous! le faut-il? parlez, ordonnez, me voici...
MARION, *souriant.*
Vous êtes singulier, mais je vous aime ainsi.
DIDIER.
Vous m'aimez! prenez garde, une telle parole,
Hélas! ne se dit pas d'une façon frivole.
Vous m'aimez! Savez-vous ce que c'est que l'amour?
Qu'un amour qui devient notre sang, notre jour,
Qui, long-temps étouffé, s'allume, et dont la flamme
S'accroît incessamment en purifiant l'âme,
Qui seul au fond du cœur, où nous les entassions,
Brûle les vains débris des autres passions!
Qu'un amour, à la fois sans espoir et sans borne,
Et qui, même au bonheur, survit, profond et morne!
—Dites, est-ce l'amour dont vous parliez?
MARION, *émue.*
Vraiment...
DIDIER.
Oh! vous ne savez pas, je vous aime ardemment!
Du jour où vous vis, ma vie encor bien sombre
Se dora, vos regards m'éclairèrent dans l'ombre.
Dès lors, tout a changé. Vous brillez à mes yeux
Comme un être inconnu, de l'espèce des cieux.
Cette vie, où long-temps gémit mon cœur rebelle,
Je la vois sous un jour qui la rend presque belle;
Car, jusqu'à vous, hélas ! seul, errant, opprimé,
J'ai lutté, j'ai souffert !... Je n'avais point aimé!
MARION.
Pauvre Didier!
DIDIER.
Marie!...

MARION.
Eh bien oui, je vous aime.
Oui, je vous aime!... autant que vous m'aimez vous-
[même.
Plus peut-être!... C'est moi qui suivis tous vos pas,
Et je suis toute à vous.
DIDIER, *tombant à genoux.*
Oh! ne me trompez pas!
A mon amour si pur que votre amour réponde,
Et mon bonheur pourra faire la dot d'un monde,
Et mes jours ne seront, prosternés à vos pieds,
Qu'amour, délice et joie... — Oh! si vous me trompiez!
MARION.
Pour croire à mon amour que vous faut-il? J'écoute.
DIDIER.
Une preuve.
MARION.
Parlez. Quoi?
DIDIER.
Vous êtes sans doute
Libre?
MARION, *avec embarras.*
Oui...
DIDIER.
Prenez-moi pour frère, pour appui;
Épousez-moi !
MARION, *à part.*
Pourquoi suis-je indigne de lui!
DIDIER.
Hé bien?
MARION.
Mais...
DIDIER.
Je comprends. Orphelin, sans fortune,
L'audace est inouïe, étrange, et j'importune.
Laissez-moi donc mon deuil, mes maux, mon abandon.
Adieu.
Il fait un pas pour sortir, Marion le retient.
MARION.
Didier! Didier! que dites-vous?
Elle fond en larmes.
DIDIER, *revenant.*
Pardon !
Mais pourquoi balancer?
S'approchant d'elle.
— Comprends-tu bien, Marie?
Nous être l'un à l'autre un monde, une patrie,
Un ciel!... Vivre ignorés dans un lieu de ton choix,
Y cacher un bonheur à faire envie aux rois!...
MARION.
Ah! ce serait le ciel!
DIDIER.
En veux-tu?
MARION, *à part.*
Malheureuse!
Haut.
Je ne puis. Jamais!
Elle s'arrache des bras de Didier et tombe sur son
fauteuil.
DIDIER, *glacial.*
L'offre était peu généreuse
De ma part. Il suffit. Je n'en parlerai plus,
Allons!
MARION, *à part.*
Ah! maudit soit le jour où je lui plus!
Haut.
Didier! je vous dirai... vous me déchirez l'âme...
Je vous expliquerai...
DIDIER, *froidement.*
Que lisiez-vous, madame,
Quand je suis arrivé?
Il prend le livre sur la table et lit.
La Guirlande d'amour,
A Marion de Lorme.

Amèrement.
Oui, la beauté du jour!
Jetant le livre à terre avec violence.
Ah! vile créature, impure entre les femmes !
MARION, *tremblante.*
Monsieur..
DIDIER.
Que faites-vous de ces livres infâmes!
Comment sont-ils ici !
MARION, *faiblement et baissant les yeux.*
Le hasard...
DIDIER.
Savez-vous,
Vous dont l'œil est si pur, dont le front est si doux,
Savez-vous ce que c'est que Marion de Lorme?
Une femme, de corps belle, et de cœur difforme!
Une Phryné qui vend à tout homme, en tout lieu,
Son amour qui fait honte et fait horreur!
MARION, *la tête dans ses mains.*
Grand Dieu !
Un bruit de pas, un cliquetis d'épée au dehors
et des cris :
Au meurtre!
DIDIER, *étonné.*
Mais quel bruit dans la place voisine?
Les cris continuent :
A l'aide! au meurtre!
DIDIER, *regardant au balcon.*
C'est quelqu'un qu'on assassine...
Il prend son épée et enjambe la balustrade du balcon.
Marion se lève, court à lui, et cherche à le retenir
par son manteau.
MARION.
Didier! si vous m'aimez...—Ils vous tueront!—restez!
DIDIER, *sautant dans la rue.*
Mais c'est lui qu'ils tueront, le pauvre homme!
Dehors, aux combattants :
Arrêtez!
—Tenez ferme, monsieur !
Cliquetis d'épées.
Poussez!—tiens, misérable!
Bruit d'épées, de voix et de pas.
MARION, *au balcon, avec terreur.*
O ciel! Six contre deux !
VOIX DANS LA RUE.
Mais cet homme est le diable!
Le cliquetis d'armes décroît peu à peu, puis cesse tout
à fait. Bruit de pas qui s'éloignent. On voit reparaître
Didier qui escalade le balcon.
DIDIER, *encore en dehors du balcon et tourné*
vers la rue.
Vous voici hors d'affaire. Allez votre chemin.
SAVERNY, *du dehors.*
Je ne m'en irai pas sans vous serrer la main,
Sans vous remercier, s'il vous plaît.
DIDIER, *avec humeur.*
Passez vite!
De vos remercîments, monsieur, je vous tiens quitte.
SAVERNY.
Je vous remercierai !
Il escalade le balcon.
DIDIER.
Hé! sans monter ici,
Ne pouviez-vous d'en-bas me dire : grand merci.

SCÈNE IV.

MARION, DIDIER, SAVERNY.

SAVERNY, *sautant dans la chambre l'épée*
à la main.
Pardieu, la tyrannie est étrange, et trop forte,
De me sauver la vie et me mettre à la porte!

— La porte, c'est-à-dire à la fenêtre ! — Non,
il ne sera pas dit qu'un homme de mon nom
soit bravement sauvé par un bon gentilhomme
sans lui dire : Marquis... — le nom dont on vous
Monsieur ?   [nomme,
           DIDIER.
Didier.
           SAVERNY.
     Didier de quoi ?
           DIDIER.
                          Didier de rien.
Çà, l'on vous tue, et moi je vous secours. C'est bien ;
Allez-vous-en.
           SAVERNY.
           Voilà vos façons ! — Par ces traîtres,
Que ne me laissiez-vous tuer sous vos fenêtres !
J'eusse aimé mieux cela, car sans vous, sur ma foi,
J'étais mort. Six larrons, six voleurs contre moi !
Mort ! six larges poignards contre une mince épée !...
Apercevant Marion qui jusque-là a cherché à l'éviter.
Mais vous aviez ici l'âme bien occupée :
Je comprends ; je dérange un entretien fort doux ;
Pardon.
     A part.
     Voyons pourtant la dame.
Il s'approche de Marion tremblante et la reconnaît.
           — Bas.
                     Quoi ! c'est vous !
Montrant Didier.
C'est donc lui !
           MARION, bas.
           Ah ! monsieur, vous me perdez !
           SAVERNY, saluant.
                     Madame...
           MARION, bas.
C'est la première fois que j'aime !
           DIDIER, à part.
                     Sur mon âme,
Cet homme la regarde avec des yeux hardis !
Il renverse la lampe d'un coup de poing.
           SAVERNY.
Quoi donc, vous éteignez cette lampe ?
           DIDIER.
                               Je dis
Qu'il convient, s'il vous plaît, que nous partions en-
           SAVERNY.   [semble.
Soit ; je vous suis.
     A Marion qu'il salue profondément.
           Adieu, madame.
           DIDIER, à part.
                     A quoi ressemble
Ce muguet ?
     A Saverny.
           Venez donc ?

SAVERNY.
           Vous êtes brusque, mais
Je vous dois d'être en vie, et s'il vous faut jamais
Dévoûment, zèle, ardeur, amitié fraternelle... —
Marquis de Saverny, Paris, hôtel de Nesle.
           DIDIER.
Bon !
     A part.
     La voir par un fat examinée ainsi !
Ils sortent par le balcon. On entend la voix de Didier
                                         dehors.
Votre route est par là. — La mienne est par ici.

SCÈNE V.

MARION, DAME ROSE.

Marion reste un moment rêveuse, puis appelle.

           MARION.
Dame Rose !
     Dame Rose paraît. — Lui montrant la fenêtre.
           Fermez.
           DAME ROSE.
La fenêtre fermée, elle se retourne et voit Marion
                essuyant une larme.
     A part.
           On dirait qu'elle pleure.
     Haut.
Il est temps de dormir, madame.
           MARION.
                     Oui, c'est votre heure,
A vous autres..
     Défaisant ses cheveux.
           Venez m'accommoder.
           DAME ROSE, la déshabillant.
                               Eh bien,
Madame, le monsieur de ce soir est-il bien ?
— Riche ?
           MARION.
           Non.
           DAME ROSE.
Galant ?
           MARION.
           Non.
     Se tournant vers Rose.
                     Rose, il ne m'a pas même
Baisé la main.
           DAME ROSE.
Alors, qu'en faites-vous ?
           MARION, pensive.
                     Je l'aime.

ACTE DEUXIÈME.

La porte d'un cabaret. — Une place. — On voit dans le fond la ville de Blois en amphithéâtre, et les tours de Saint-Nicolas sur la colline couverte de maisons.

SCÈNE I.

Le comte de GASSÉ, le marquis de BRICHANTEAU, le vicomte de BOUCHAVANNES, le chevalier de ROCHEBARON. *Ils sont assis à des tables devant la porte ; les uns fument, les autres jouent aux dés et boivent.* — *Ensuite* le chevalier de MONTPESAT, le comte de VILLAC. — *Puis* L'ANGELY. — *Puis* le crieur public *et* la foule.

BRICHANTEAU, *se levant, à Gassé qui entre.*
Gassé !
 Ils se serrent la main.
  Tu viens à Blois joindre le régiment ?
 Le saluant.
Nous te complimentons de ton enterrement.
 Examinant sa toilette.
Ah !
    GASSÉ.
C'est la mode. Orange, avec des faveurs bleues.
 Croisant les bras et retroussant ses moustaches.
Savez-vous bien que Blois est à quarante lieues de Paris ?
    BRICHANTEAU.
    C'est la Chine !
    GASSÉ.
       Et cela fait crier
Les femmes. Pour nous suivre il faut s'expatrier !
  BOUCHAVANNES, *se détournant du jeu.*
Monsieur vient de Paris ?
  ROCHEBARON, *quittant sa pipe.*
     Dit-on quelques nouvelles ?
    GASSÉ, *saluant.*
Point. — Corneille toujours met en l'air les cervelles.
Guiche a l'ordre. Ast est duc. Puis des riens à foison :
De trente huguenots on a fait pendaison.
Toujours nombre de duels. Le trois, c'était d'Angennes
Contre Arquien, pour avoir porté du point de Gênes ;
Lavardin avec Pons s'est rencontré le dix
Pour avoir pris à Pons la femme de Sourdis ;
Sourdis avec d'Ailly pour une du théâtre
De Mondori. Le neuf, Nogent avec Lachâtre
Pour avoir mal écrit trois vers de Collelet ;
Gorde avec Margaillan pour l'heure qu'il était ;
D'Humière avec Gondi pour le pas à l'église ;
Et puis tous les Brissac contre tous les Soubise
A propos du pari d'un cheval contre un chien.
Enfin, Caussade avec Latournelle, pour rien,
Pour le plaisir. Caussade a tué Latournelle.
    BRICHANTEAU.
Heureux Paris ! les duels ont repris de plus belle !
    GASSÉ.
C'est la mode.
    BRICHANTEAU.
    Toujours festins, amours, combats.
On ne peut s'amuser et vivre que là-bas.
 Bâillant.
Mais on s'ennuie ici de façon paternelle !
 A Gassé.
Tu dis donc que Caussade a tué Latournelle ?
    GASSÉ.
Oui, d'un bon coup d'estoc.
  Examinant les manches de Rochebaron.
      Qu'avez-vous là, mon cher ?
Songez que ce n'est plus la mode du bel air.
Aiguillettes ! boutons ! d'honneur, rien n'est plus triste.
Des nœuds et des rubans !
    BRICHANTEAU.
      Refais-nous donc la liste
De tous ces duels. Qu'en dit le Roi ?
    GASSÉ.
        Le cardinal
Est furieux, et veut un prompt remède au mal.
    BOUCHAVANNES.
Point de courrier du camp ?
    GASSÉ.
      Je crois que par surprise
Nous avons pris Figuière, ou bien qu'on nous l'a prise.
 Réfléchissant.
C'est à nous qu'on l'a prise.
  ROCHEBARON.
      Et que dit de ce coup
Le Roi ?
    GASSÉ.
 Le cardinal n'est pas content du tout.
    BRICHANTEAU.
Que fait la cour ? Le Roi se porte bien sans doute ?
    GASSÉ.
Non pas. Le cardinal a la fièvre et la goutte,
Et ne va qu'en litière.
    BRICHANTEAU.
     Étrange original !
Quand nous te parlons roi, tu réponds cardinal.
    GASSÉ.
Ah ! — c'est la mode.
    BOUCHAVANNES.
    Ainsi rien de nouveau ?
    GASSÉ.
       Que dis-je ?
Pas de nouvelles ? — Mais, un miracle, un prodige
Qui tient depuis deux mois Paris en passion !
La fuite, le départ, la disparition...
    BRICHANTEAU.
De qui ?
    GASSÉ.
  De Marion de Lorme, de la belle
Des belles.
  BRICHANTEAU, *d'un air mystérieux.*
   A ton tour écoute une nouvelle.
Elle est ici.
    GASSÉ.
  Vraiment ! à Blois !
    BRICHANTEAU.
      Incognito.
  GASSÉ, *haussant les épaules.*
Marion ! — Vous raillez, monsieur de Brichanteau !
Elle ici ! Marion ! elle qui fait la mode !
Mais c'est que de Paris ce Blois est l'antipode !
Regardez. — Tout est laid, tout est vieux, tout est mal.
 Montrant les tours de Saint-Nicolas.
Ces clochers même ont l'air gauche et provincial !
    ROCHEBARON.
C'est vrai.
    BRICHANTEAU.
  Douterez-vous que Saverny l'ait vue ?
Cachée ici ? déjà d'un grand amant pourvue ?
Lequel même a sauvé Saverny, s'il vous plaît,
De voleurs qui la nuit l'avaient pris au collet,
Bons larrons, qui voulaient faire en cette rencontre
L'aumône avec sa bourse et voir l'heure à sa montre.

GASSÉ.
Mais c'est toute une histoire !
ROCHEBARON, à Brichanteau.
En êtes-vous bien sûr ?
BRICHANTEAU.
Comme j'ai six besans d'argent sur champ d'azur !
Si bien que Saverny depuis n'a d'autre envie
Que de trouver cet homme auquel il doit la vie.
BOUCHAVANNES.
Mais il peut bien l'aller trouver chez elle.
BRICHANTEAU.
Non.
Elle a changé depuis de logis et de nom.
On a perdu sa trace.
Marion et Didier traversent lentement le fond du théâtre sans être vus des interlocuteurs, et entrent par une petite porte dans une des maisons latérales.
GASSÉ.
Il fallait que je vinsse
A Blois pour retrouver Marion en province !
Entrent MM. de Villac et de Montpesat, parlant haut et se disputant.
VILLAC.
Moi je te dis que non !
MONTPESAT.
Moi je te dis que si !
VILLAC.
Le Corneille est mauvais !
MONTPESAT.
Traiter Corneille ainsi !
Corneille enfin, l'auteur du *Cid* et de *Mélite* !
VILLAC.
Mélite soit ! j'en dois avouer le mérite ;
Mais Corneille n'a fait que descendre depuis,
Comme ils font tous ! Pour toi je fais ce que je puis.
Parle-moi de *Mélite* et de *la Galerie
Du Palais* ! Mais *le Cid*, qu'est cela, je te prie ?
GASSÉ, à Montpesat.
Monsieur est modéré.
MONTPESAT.
Le *Cid* est bon !
VILLAC.
Méchant !
Ton *Cid*, mais Scudéri l'écrase en le touchant !
Quel style ! ce ne sont que choses singulières,
Que façons de parler basses et familières.
Il nomme à tout propos les choses par leurs noms.
Puis le *Cid* est obscène et blesse les canons.
Le Cid n'a pas le droit d'épouser son amante.
Tiens, mon cher, as-tu lu *Pyrame et Bradamante ?*
Quand Corneille en fera de pareils, donne-m'en.
ROCHEBARON, à Montpesat.
Lisez aussi *le grand et dernier Soliman*
De monsieur Mairet. C'est la grande tragédie ;
Mais *le Cid* !
VILLAC.
Puis il a l'âme vaine et hardie.
Croit-il pas égaler messieurs de Boisrobert,
Chapelain, Serisay, Mairet, Gombault, Habert,
Bautru, Giry, Faret, Desmarets, Malleville,
Duryer, Cherisy, Colletet, Gomberville,
Toute l'académie enfin !
BRICHANTEAU, *riant de pitié et haussant les épaules.*
C'est excellent !
VILLAC.
Puis monsieur veut créer ! inventer ! Insolent !
Créer après Garnier ! après le Théophile !
Après Hardy ! Le fat ! créer, chose facile !
Comme si ces esprits fameux avaient laissé
Quelque chose après eux qui ne fût pas usé !
Chapelain là-dessus le raille d'une grâce !
ROCHEBARON.
Corneille est un croquant !
BOUCHAVANNES.

Mais l'évêque de Grasse,
Monsieur Godeau, m'a dit qu'il a beaucoup d'esprit.
MONTPESAT.
Beaucoup !
VILLAC.
S'il écrivait autrement qu'il n'écrit,
S'il suivait Aristote et la bonne méthode...
GASSÉ.
Messieurs, faites la paix. Corneille est à la mode ;
Il succède à Garnier, comme font de nos jours
Les grands chapeaux de feutre aux mortiers de velours.
MONTPESAT.
Moi, je suis pour Corneille et les chapeaux de feutre.
GASSÉ, à Montpesat.
Tu vas trop loin ! —
A Villac.
Garnier est très-beau. — Je suis neutre,
Mais Corneille a du bon parfois.
VILLAC.
D'accord.
ROCHEBARON.
D'accord,
C'est un garçon d'esprit et que j'estime fort.
BRICHANTEAU.
Mais ce Corneille-là, c'est de courte noblesse !
ROCHEBARON.
Ce nom sent le bourgeois d'une façon qui blesse.
BOUCHAVANNES.
Famille de robins, de petits avocats,
Qui se sont fait des sous en rognant des ducats.
Entre L'Angely, qui va s'asseoir à une table seul et en silence. — En noir velours et passequilles d'or.
VILLAC.
Messieurs, si le public goûte ses rapsodies,
C'en est fait du bel art des tragi-comédies !
Le théâtre est perdu, ma parole d'honneur !
C'est ce que Richelieu...
GASSÉ, *regardant L'Angely de travers.*
Dites donc monseigneur,
Ou parlez plus bas...
BRICHANTEAU.
Baste ! au diable l'éminence !
N'est-ce donc pas assez que soldats et finance,
Il ait tout, que de tout il puisse disposer,
Sans que sur notre langue il vienne encor peser ?
BOUCHAVANNES.
Meûre le Richelieu qui déchire et qui flatte !
L'homme à la main sanglante, à la robe écarlate !
ROCHEBARON.
A quoi donc sert le Roi ?
BRICHANTEAU.
Les peuples dans la nuit
Vont marchant, l'œil fixé sur un flambeau qui luit.
Il est le flambeau, lui ; le Roi, c'est la lanterne,
Qui le sauve du vent sous sa vitre un peu terne.
BOUCHAVANNES.
Oh ! puissions-nous un jour, et ce jour sera beau,
Du vent de notre épée éteindre ce flambeau !
ROCHEBARON.
Ah ! si chacun pensait comme moi sur son compte !...
BRICHANTEAU.
Nous nous réunirions...
A Bouchavannes.
Qu'en penses-tu, vicomte ?
BOUCHAVANNES.
Et nous lui donnerions un bon coup de Jarnac !
L'ANGELY, *se levant, d'une voix lugubre.*
Un complot ! Jeunes gens, songez à Marillac !
Tous tressaillent, se retournent et se taisent consternés, l'œil fixé sur L'Angely, qui se rassied en silence.
VILLAC, *prenant Montpesat à l'écart.*
Chevalier, tout à l'heure, à propos de Corneille,
Tu m'as parlé d'un ton qui m'a choqué l'oreille :
Je voudrais, à mon tour, te dire, s'il te plaît,

Deux mots.
MONTPESAT.
A l'épée?
VILLAC.
Oui.
MONTPESAT.
Veux-tu le pistolet?
VILLAC.
L'un et l'autre.
MONTPESAT, *lui prenant le bras.*
Cherchons quelque coin par la ville.
L'ANGELY, *se levant.*
Un duel! Souvenez-vous du sieur de Boutteville!
Nouvelle consternation dans l'assistance. Villac et Montpesat se quittent, l'œil attaché sur L'Angely.
ROCHEBARON.
Quel est cet homme noir qui me fait peur, ma foi?
L'ANGELY.
Mon nom est L'Angely. Je suis bouffon du Roi.
BRICHANTEAU, *riant.*
Je ne m'étonne plus que le Roi soit si triste.
BOUCHAVANNES, *riant.*
C'est un plaisant bouffon qu'un fou cardinaliste!
L'ANGELY, *debout.*
Prenez garde, messieurs! le ministre est puissant :
C'est un large faucheur qui verse à flots le sang;
Et puis il couvre tout de sa soutane rouge,
Et tout est dit.
Un silence.
GASSÉ.
Mortdieu!
ROCHEBARON.
Du diable si je bouge!
BRICHANTEAU.
Çà, près de ce bouffon Pluton est un rieur.
Entre une foule de peuple qui sort des rues et des maisons et couvre la place; au milieu, le crieur public à cheval, avec quatre valets de ville en livrée, dont un sonne la trompe, tandis qu'un autre bat du tambour.
GASSÉ.
Que vient donc faire ici ce peuple? — Ah! le crieur!
Que vient-il nous chanter, en fait de patenôtre?
BRICHANTEAU, *à un bateleur qui est mêlé à la foule et qui porte un singe sur son dos.*
Mon bon ami, lequel de vous deux fait voir l'autre?
MONTPESAT, *à Rochebaron.*
Voyez donc si nos jeux de cartes sont complets.
Montrant les quatre valets de ville en livrée.
Je gage qu'en l'un d'eux on a pris ces valets.
LE CRIEUR PUBLIC, *d'une voix nasillarde.*
Bourgeois, silence!
BRICHANTEAU, *bas à Gassé.*
Il est d'une mine farouche,
Et sa voix doit user son nez plus que sa bouche.
LE CRIEUR.
« Ordonnance. — Louis, par la grâce de Dieu...
BOUCHAVANNES, *bas à Brichanteau.*
Manteau fleurdelisé qui cache Richelieu!
L'ANGELY.
Écoutez, messieurs!
LE CRIEUR, *poursuivant.*
« Roi de France et de Navarre....
BRICHANTEAU, *bas à Bouchavannes.*
Un beau nom dont jamais ministre n'est avare.
LE CRIEUR, *poursuivant.*
» ... A tous ceux qui verront ces présentes, salut!
Il salue.
» Ayant considéré que chaque roi voulut
» Exterminer le duel par des peines sévères ;
» Que malgré les édits, signés des rois nos pères, [mais;
» Les duels sont aujourd'hui plus nombreux que ja-
» Ordonnions et mandons, voulons que désormais
» Les duellistes, félons qui de sujets nous privent;
» Qu'il ne survive un seul ou que tous deux survivent,
» Soient pour être amendés traduits en notre cour,
» Et, nobles ou vilains, soient pendus haut et court;
» Et, pour rendre en tout point l'édit plus efficace,
» Renonçons pour ce crime à notre droit de grâce.
» C'est notre bon plaisir. — Signé LOUIS. — Plus bas :
» RICHELIEU. »
Indignation parmi les gentilshommes.
BRICHANTEAU.
Nous, pendus comme des Barabbas!
BOUCHAVANNES.
Nous pendre! Dites-moi comment l'endroit se nomme
Où l'on trouve une corde à pendre un gentilhomme?
LE CRIEUR, *poursuivant.*
» Nous, prévôt, pour que tous se le tiennent pour dit,
» Enjoignons qu'en la place on attache l'édit. »
Deux valets de ville attachent un grand écriteau à une potence en fer qui sort d'un mur à droite.
GASSÉ.
A la bonne heure, au moins! c'est l'édit qu'il faut pen-
BOUCHAVANNES, *secouant la tête.* [dre!
Oui, comte!... — En attendant celui qui l'a fait rendre.
Le crieur sort. Le peuple se retire. — Entre Saverny.
— Le jour commence à baisser.

SCÈNE II.

LES PRÉCÉDENTS, LE MARQUIS DE SAVERNY.

BRICHANTEAU, *allant à Saverny.*
Mon cousin Saverny! — Hé bien, as-tu trouvé
L'homme qui des larrons l'autre nuit t'a sauvé?
SAVERNY.
Non. Par la ville en vain je cherche, je m'informe;
Les voleurs, le jeune homme, et Marion de Lorme,
Tout s'est évanoui comme un rêve qu'on a.
BRICHANTEAU.
Mais tu dois l'avoir vu quand il te ramena
Comme un chrétien tiré des mains de l'infidèle?
SAVERNY.
Il a d'abord du poing renversé la chandelle!
GASSÉ.
C'est étrange.
BRICHANTEAU.
Pourtant tu le reconnaîtrais
En le rencontrant?
SAVERNY.
Non, je n'ai point vu ses traits.
BRICHANTEAU.
Sais-tu son nom?
SAVERNY.
Didier.
ROCHEBARON.
Ce n'est pas un nom d'homme,
C'est un nom de bourgeois!
SAVERNY.
C'est Didier qu'il se nomme.
Beaucoup, qui sont de race et qui font les vainqueurs,
Ont bien de plus grands noms, mais non de plus grands
Moi, j'avais six voleurs, lui, Marion de Lorme, [cœurs.
Il la quitte, et me sauve. Ah! ma dette est énorme,
Et je la lui paîrai, je vous le jure à tous,
De tout mon sang!
VILLAC.
Marquis, depuis quand payez-vous
Vos dettes?
SAVERNY, *fièrement.*
J'ai toujours payé celles qu'on paie
Avec du sang. Mon sang, c'est ma seule monnaie.
La nuit est tout à fait tombée. On voit les fenêtres de la ville s'éclairer l'une après l'autre. — Entre un allumeur qui allume un réverbère au-dessus de l'écriteau et s'en va. — La petite porte par laquelle sont entrés Marion et Didier se rouvre; Didier en sort rêveur, marchant lentement les bras croisés dans son manteau.

SCÈNE III.

Les précédents, DIDIER.

DIDIER, *s'avançant lentement du fond du théâtre sans être vu ni entendu des autres.*
Marquis de Saverny !...— Je voudrais bien revoir
Ce fat qui fut près d'elle effronté l'autre soir ;
J'ai son air sur le cœur.
　　BOUCHAVANNES, *à Saverny qui cause avec Brichanteau.*
　　　　　　Saverny !
　　　　DIDIER, *à part.*
　　　　　　　　　C'est mon homme !
Il s'avance à pas lents, l'œil fixé sur les gentilshommes, et vient s'asseoir à une table placée sous le réverbère qui éclaire l'écriteau, à quelques pas de L'Angely qui demeure aussi immobile et silencieux.
　　BOUCHAVANNES, *à Saverny qui se retourne.*
Connaissez-vous l'édit ?
　　　　SAVERNY.
　　　　　Quel édit ?
　　　　BOUCHAVANNES.
　　　　　　　　Qui nous somme
De renoncer au duel ?
　　　　SAVERNY.
　　　　　Mais c'est très-sage.
　　　　BRICHANTEAU.
　　　　　　　　Oui, mais
Sous peine de la corde ?
　　　　SAVERNY.
　　　　　Ah ! tu railles ! — Jamais.
Qu'on pende les vilains, c'est très-bien.
　　BRICHANTEAU, *lui montrant l'écriteau.*
　　　　　　　　　　Lis toi-même,
L'édit est sur le mur.
　　SAVERNY, *apercevant Didier.*
　　　　　Hé ! cette face blême
Peut me le lire.
　　　A Didier, haussant la voix.
　　　　Holà ! hé ! l'homme au grand manteau !
L'ami ! — Mon cher !—
　　　A Brichanteau.
　　　　Je crois qu'il est sourd, Brichanteau.
DIDIER, *qui ne l'a pas quitté des yeux, levant lentement la tête.*
Me parlez-vous ?
　　　　SAVERNY.
　　　　Pardieu, pour récompense honnête,
Lisez-nous l'écriteau placé sur votre tête.
　　　　　DIDIER.
Moi ?
　　　　SAVERNY.
Vous. — Savez-vous pas épeler l'alphabet ?
　　　DIDIER, *se levant.*
C'est l'édit qui punit tout bretteur du gibet ;
Qu'il soit noble ou vilain.
　　　　SAVERNY.
　　　　　Vous vous trompez, brave homme.
Sachez qu'on ne doit pas pendre un bon gentilhomme ;
Et qu'il n'est dans ce monde, où tous droits nous sont dus,
Que les vilains qui soient faits pour être pendus.
　　Aux gentilshommes.
Ce peuple est insolent !
　　A Didier, en ricanant.
　　　　　Vous lisez mal, mon maître !
Mais vous avez la vue un peu basse, peut-être.
Ôtez votre chapeau, vous lirez mieux. — Ôtez !
DIDIER, *renversant la table qui est devant lui.*
Ah ! prenez garde à vous, monsieur ! vous m'insultez.
Maintenant que j'ai lu, ma récompense honnête
Il me la faut !—Marquis, c'est ton sang, c'est ta tête !
　　SAVERNY, *souriant.*
Nos titres à tous deux, certe, sont bien acquis.

Je le devine peuple, il me flaire marquis.
　　　　DIDIER.
Peuple et marquis pourront se colleter ensemble.
Marquis, si nous mêlions notre sang, que t'en semble ?
　　SAVERNY, *reprenant son sérieux.*
Monsieur, vous allez vite, et tout n'est pas fini.
Je me nomme Gaspard, marquis de Saverny.
　　　　DIDIER.
Que m'importe ?
　　SAVERNY, *froidement.*
　　　　　Voici mes deux témoins. Le comte
De Gassé ; l'un n'a rien à dire sur son compte ;
Et monsieur de Villac, qui tient à la maison
La Feuillade, dont est le marquis d'Aubusson.
Maintenant êtes-vous noble homme ?
　　　　DIDIER.
　　　　　　　Que t'importe ?
Je ne suis qu'un enfant trouvé sur une porte,
Et je n'ai pas de nom ; mais, cela suffit bien,
J'ai du sang à répandre en échange du tien !
　　　　SAVERNY.
Non pas, monsieur, cela ne peut suffire, en somme ;
Mais un enfant trouvé de droit est gentilhomme,
Attendu qu'il peut l'être ; et que c'est plus grand mal,
Dégrader un seigneur qu'anoblir un vassal.
Je vous rendrai raison.— Votre heure ?
　　　　DIDIER.
　　　　　　　Tout de suite.
　　　　SAVERNY.
Soit. — Vous n'usurpez pas la qualité susdite ?...
　　　　DIDIER.
Une épée !
　　　　SAVERNY.
Il n'a pas d'épée ! Ah ! pasquedieu, [lieu.
C'est mal. On vous prendrait pour quelqu'un de bas-
　　Offrant sa propre épée à Didier.
La voulez-vous ? Elle est fidèle et bien trempée.
L'Angely se lève, tire son épée et la présente à Didier.
　　　　L'ANGELY.
Pour faire une folie, ami, prenez l'épée
D'un fou. — Vous êtes brave, et lui ferez honneur.
　　Ricanant.
En échange, écoutez, pour me porter bonheur
Vous me laisserez prendre un bout de votre corde.
　　DIDIER, *prenant l'épée, amèrement.*
Soit.
　　Au marquis.
　　Maintenant Dieu fasse aux bons miséricorde !
　　BRICHANTEAU, *sautant de joie.*
Un bon duel ! c'est charmant !
　　SAVERNY, *à Didier.*
　　　　　　Mais où nous mettre ?
　　　　DIDIER.
　　　　　　　　　　Sous
Ce réverbère.
　　　　GASSÉ.
　　　Allons, messieurs, êtes-vous fous ?
On n'y voit pas. Ils vont s'éborgner, par Saint-George !
　　　　DIDIER.
On y voit assez clair pour se couper la gorge !
　　　　SAVERNY.
Bien dit.
　　　　VILLAC.
　　On n'y voit pas !
　　　　DIDIER.
　　　　　　　On y voit assez clair,
Vous dis-je ! et chaque épée est dans l'ombre un éclair !
Allons, marquis !
Tous deux jettent leurs manteaux, ôtent leurs chapeaux dont ils se saluent et qu'ils jettent derrière eux ; puis ils tirent leurs épées.

SAVERNY.
Monsieur, à vos ordres.
DIDIER.
En garde!

Ils croisent le fer et ferraillent pied à pied, en silence et avec fureur. — Tout à coup la petite porte s'entr'ouvre et Marion en robe blanche paraît.

SCÈNE IV.

LES PRÉCÉDENTS, MARION.

MARION.
Quel est ce bruit?
Apercevant Didier sous le réverbère.
Didier!
Aux combattants.
Arrêtez!
Les combattants continuent.
A la garde!
SAVERNY.
Qu'est-ce que cette femme?
DIDIER, se détournant.
Ah Dieu!
BOUCHAVANNES, accourant à Saverny.
Tout est perdu!
Le cri de cette femme au loin s'est entendu.
J'ai des archers de nuit vu briller les rapières.
Entrent les archers avec des torches.
BRICHANTEAU, à Saverny.
Fais le mort, ou tu l'es!
SAVERNY, se laissant tomber.
Ah!
Bas à Brichanteau qui se penche vers lui.
Les maudites pierres!
Didier, qui croit l'avoir tué, s'arrête.
LE CAPITAINE QUARTENIER.
De par le Roi!
BRICHANTEAU, aux gentilshommes.
Sauvons le marquis! il est mort
S'il est pris!
Les gentilshommes entourent Saverny.
LE CAPITAINE QUARTENIER.
Arrêtez! Messieurs! — Pardieu, c'est fort!
Venir se battre en duel sous la propre lanterne
De l'édit!
A Didier.
Rendez-vous!
Les archers saisissent et désarment Didier qui est resté seul. — Montrant Saverny couché à terre et entouré de gentilshommes.
Et cet autre à l'œil terne,
Qu'est-il? son nom?
BRICHANTEAU.
Gaspard, marquis de Saverny.
Il est mort.
LE CAPITAINE QUARTENIER.
Mort? alors son procès est fini.
Il fait bien, cette mort vaut encor mieux que l'autre.
MARION, effrayée.
Que dit-il?
LE CAPITAINE QUARTENIER, à Didier.
Maintenant, cette affaire est la vôtre.
Venez, Monsieur.
Les archers emmènent Didier d'un côté; les gentilshommes emportent Saverny de l'autre.
DIDIER, à Marion immobile de terreur.
Adieu! Marie, oubliez-moi!
Adieu!
Ils sortent.

SCÈNE V.

MARION, L'ANGELY.

MARION, courant pour le retenir.
Didier! pourquoi cet adieu-là? pourquoi
T'oublier?
Les soldats la repoussent; elle revient vers l'Angely avec angoisse.
Est-il donc perdu pour cette affaire?
Monsieur, qu'a-t-il donc fait, et que veut-on lui faire?
L'ANGELY.
Il lui prend les mains et la mène en silence devant l'écriteau.
Lisez!
Elle lit et recule avec horreur.
MARION.
Dieu! juste Dieu! la mort! ils me l'ont pris!
Ils le tueront! c'est moi qui le perds par mes cris!
J'appelais au secours, mais à mes cris funèbres
La mort venait, hâtant ses pas dans les ténèbres!
— C'est impossible! — un duel! est-ce un si grand
[forfait?
A L'Angely.
N'est-ce pas qu'on ne peut le condamner?
L'ANGELY.
Si fait.
MARION.
Mais il peut s'échapper?
L'ANGELY.
Les murailles sont hautes!
MARION.
Ah! c'est moi qui lui fais un crime avec mes fautes!
Dieu le frappe pour moi. — Mon Didier! —
A L'Angely.
Savez-vous
Que c'est lui pour qui rien ne m'eût semblé trop doux?
Dieu! les cachots! la mort! Peut-être la torture!...
L'ANGELY.
Peut-être. — Si l'on veut.
MARION.
Mais je puis d'aventure
Voir le Roi? Le Roi porte un cœur vraiment royal,
Il fait grâce?
L'ANGELY.
Oui, le Roi. Mais non le cardinal.
MARION, égarée.
Mais qu'en ferez-vous donc?
L'ANGELY.
L'affaire est capitale.
Il faut qu'il roule au bas de la pente fatale.
MARION.
C'est horrible!
A L'Angely.
Monsieur, vous me glacez d'effroi!
Et qui donc êtes-vous?
L'ANGELY.
Je suis bouffon du Roi.
MARION.
O mon Didier! je suis indigne, vile, infâme.
Mais ce que Dieu peut faire avec des mains de femme,
Je te le montrerai. Je te suis!
Elle sort du côté par où est sorti Didier.
L'ANGELY, resté seul.
Dieu sait où!
Ramassant son épée laissée à terre par Didier.
Çà, qui dirait qu'ici c'est moi qui suis le fou?
Il sort.

ACTE TROISIÈME.

Un parc dans le goût de Henri IV. — Au fond, sur une hauteur, on voit le château de Nangis, neuf et vieux. Le vieux, donjon à ogives et tourelles; le neuf, maison haute en briques à coins de pierre de taille, à toit pointu. — La grande porte du vieux donjon est tendue de noir, et de loin on y distingue un écusson, celui des familles de Nangis et de Saverny.

SCÈNE I.

M. DE LAFFEMAS, *petit costume de magistrat du temps.* LE MARQUIS DE SAVERNY, *déguisé en officier du régiment d'Anjou; moustaches et royale noires; un emplâtre sur l'œil.*

LAFFEMAS.
Çà, vous étiez présent, monsieur, à l'algarade?
SAVERNY, *retroussant sa moustache.*
Monsieur, j'avais l'honneur d'être son camarade.
Il est mort..
LAFFEMAS.
Le marquis de Saverny?
SAVERNY.
Bien mort!
D'une botte poussée en tierce, qui d'abord
A rompu le pourpoint, puis s'est fait une voie
Entre les côtes, par le poumon, jusqu'au foie
Qui fait le sang, ainsi que vous devez savoir,
Si bien que la blessure était horrible à voir!
LAFFEMAS.
Est-il mort sur le coup?
SAVERNY.
A peu près. Son martyre
A peu duré. J'ai vu succéder au délire
Le spasme, puis au spasme un affreux tétanos,
Et l'improstathonos à l'opistathonos.
LAFFEMAS.
Diable!
SAVERNY.
D'après cela, voyez-vous, je calcule
Qu'il est faux que le sang passe par la jugule,
Et qu'on devrait punir Pecquet et les savants
Qui, pour voir leurs poumons, ouvrent des chiens
LAFFEMAS.   [vivants.
Mort! ce pauvre marquis!
SAVERNY.
Une botte assassine!
LAFFEMAS.
Vous êtes donc, monsieur, docteur en médecine?
SAVERNY.
Non.
LAFFEMAS.
Vous l'avez pourtant étudiée?
SAVERNY.
Un peu.
Dans Aristote.
LAFFEMAS.
Aussi vous en parlez, morbleu!
SAVERNY.
Ma foi, je suis d'un cœur fort épris de malice;
Nuire me plaît. Je fais le mal avec délice;
J'aime à tuer. Aussi j'eus toujours le dessein
De me faire à vingt ans soldat ou médecin.
J'ai long-temps hésité. Puis j'ai choisi l'épée.
C'est moins sûr, mais plus prompt. — J'eus bien l'âme
             [occupée
Un moment, d'être acteur, poète et montreur d'ours;
Mais j'aime assez dîner et souper tous les jours.
Foin des ours et des vers!
LAFFEMAS.
Pour cette fantaisie,
Vous aviez donc, mon cher, appris la poésie?
SAVERNY.
Un peu. Dans Aristote.
LAFFEMAS.
Et vous étiez connu
Du marquis?
SAVERNY.
Je ne suis qu'un soldat parvenu.
Il était lieutenant que j'étais anspessade.
LAFFEMAS.
Vraiment?
SAVERNY.
J'étais d'abord à monsieur de Caussade,
Lequel au colonel du marquis me donna.
Maigre était le cadeau; l'on donne ce qu'on a.
Ils m'ont fait officier; j'ai la moustache noire,
Et j'en vaux bien un autre, et voilà mon histoire!
LAFFEMAS.
On vous a donc chargé de venir au château
Avertir l'oncle?
SAVERNY.
Avec son cousin Brichanteau
Je suis venu, traînant son cercueil en carrosse
Pour qu'on l'enterre ici, comme on eût fait sa noce.
LAFFEMAS.
Comment le vieux marquis de Nangis a-t-il pris
La mort de son neveu?
SAVERNY.
Sans bruit, sans pleurs, sans cris.
LAFFEMAS.
Il l'aimait fort pourtant?
SAVERNY.
Comme on aime sa vie.
Sans enfants, il n'avait qu'un amour, qu'une envie,
Qu'un espoir;—ce neveu, qu'il aimait d'un cœur chaud,
Quoiqu'il ne l'eût pas vu depuis cinq ans bientôt.
Passe au fond du théâtre le vieux marquis de Nangis. — Cheveux blancs, visage pâle, les bras croisés sur la poitrine. Habit à la mode de Henri IV; grand deuil. La plaque et le cordon du Saint-Esprit. Il marche lentement et traverse le théâtre. Neuf gardes, vêtus de deuil, la hallebarde sur l'épaule droite et le mousquet sur l'épaule gauche, le suivent sur trois rangs à quelque distance, s'arrêtant quand il s'arrête et marchant quand il marche.
LAFFEMAS, *le regardant passer.*
Pauvre homme!
Il va au fond du théâtre et suit le marquis des yeux.
SAVERNY, *à part.*
Mon bon oncle!
Entre Brichanteau qui va à Saverny.

SCÈNE II.

LES MÊMES, BRICHANTEAU.

BRICHANTEAU.
Ah! deux mots à l'oreille.
Riant.
Mais depuis qu'il est mort, il se porte à merveille!
SAVERNY, *bas, lui montrant le marquis qui passe.*
Regarde, Brichanteau. — Pourquoi m'as-tu forcé

De lui porter ce coup que j'étais trépassé?
Si nous lui disions tout? Veux-tu pas que j'essaie?...
   BRICHANTEAU.
Garde-t'en bien. Il faut que sa douleur soit vraie.
Il faut qu'à tous les yeux il pleure abondamment.
Son deuil est un côté de ton déguisement.
   SAVERNY.
Mon pauvre oncle!
   BRICHANTEAU.
    Il se peut bientôt qu'il te revoie.
   SAVERNY.
S'il n'est mort de douleur, il mourra de la joie.
De tels coups sont trop forts pour un vieillard.
   BRICHANTEAU.
        Mon cher,
Il le faut.
   SAVERNY.
   J'ai grand' peine à voir son rire amer
Par moments, son silence et ses pleurs. Il me navre
A baiser ce cercueil !
   BRICHANTEAU.
    Un cercueil sans cadavre.
   SAVERNY.
Oui, mais il m'a bien mort et sanglant dans son cœur.
C'est là qu'est le cadavre.
   LAFFEMAS, *revenant.*
    Ah! pauvre vieux seigneur!
Comme on voit dans ses yeux le chagrin qui le mine!
   BRICHANTEAU, *bas à Saverny.*
Quel est cet homme noir et de mauvaise mine?
   SAVERNY, *avec un geste d'ignorance.*
Quelque ami qui se trouve au château.
   BRICHANTEAU, *bas.*
        Le corbeau
Est noir de même et vient à l'odeur du tombeau.
Plus que jamais, tais-toi.—C'est une face ingrate
Et louche, à rendre un fou prudent comme Socrate!
Rentre le marquis de Nangis, toujours plongé dans une profonde rêverie. Il vient à pas lents, sans paraître voir personne, s'asseoir sur un banc de gazon au-devant du théâtre.

SCÈNE III.

LES MÊMES, LE MARQUIS DE NANGIS.

LAFFEMAS, *allant au-devant du vieux marquis.*
Ah! monsieur le marquis, nous avons bien perdu.
C'était un neveu rare, et qui vous eût rendu
La vieillesse bien douce. Avec vous je le pleure.
Beau, jeune, on n'était point de nature meilleure !
Servant Dieu, réservé près des femmes, toujours
Juste en ses actions et sage en ses discours.
Un seigneur parfait, brave, et que chacun célèbre!
Mourir si tôt !
Le vieux marquis laisse tomber sa tête dans ses mains.
   SAVERNY, *bas à Brichanteau.*
   Le diable ait l'oraison funèbre!
Il me loue, et le rend plus triste, sur ma foi !
Toi, pour le consoler, dis-lui du mal de moi.
   BRICHANTEAU, *à Laffemas.*
Vous vous trompez, monsieur. J'étais du même grade
Que Saverny. C'était un mauvais camarade,
Un fort méchant sujet, qui dans ces derniers temps
Se gâtait tous les jours. Brave, on l'est à vingt ans ;
Mais, après tout, sa mort n'est pas digne d'estime.
   LAFFEMAS.
Un duel! Mais voyez donc! le grand mal! le grand [crime!
   A Brichanteau, d'un air goguenard, lui montrant
      son épée.
Vous êtes officier?
   BRICHANTEAU, *du même ton, lui montrant sa*
      perruque.
    Vous êtes magistrat?

   SAVERNY, *bas.*
Continue.
   BRICHANTEAU.
   Il était quinteux, menteur, ingrat.
Peu regrettable au fond ; il allait aux églises,
Mais pour cligner de l'œil avec les Cidalises.
Ce n'était qu'un galant, qu'un fou, qu'un libertin.
   SAVERNY, *bas.*
Bien, bien!
   BRICHANTEAU.
   Avec ses chefs indocile et mutin.
Quant à sa bonne mine, il l'avait fort perdue,
Boitait, avait sur l'œil une loupe étendue,
De blond devenait roux, et de courbé bossu.
   SAVERNY, *bas.*
Assez.
   BRICHANTEAU.
   Puis il jouait, on s'en est aperçu.
Il eût joué son âme aux dés, et je parie
Qu'il avait au brelan mangé sa seigneurie.
Tout son bien chaque nuit s'en allait au grand trot.
   SAVERNY, *le tirant par la manche, bas.*
Assez, que diable, assez! tu le consoles trop !
   LAFFEMAS, *à Brichanteau.*
Mal parler d'un ami défunt, c'est sans excuse!
   BRICHANTEAU, *montrant Saverny.*
Demandez à monsieur.
   SAVERNY.
     Ah! moi, je me récuse.
   LAFFEMAS, *affectueusement, au vieux marquis.*
Monseigneur, monseigneur, nous vous consolerons.
On a son meurtrier; — eh bien ! nous le pendrons !
Il est sous bonne garde, et son affaire est sûre.
   A Brichanteau et à Saverny.
Comprend-on le marquis de Saverny? Je jure
Qu'il est des duels que nul ne peut répudier ;
Mais s'aller battre avec je ne sais quel Didier !
   SAVERNY, *à part.*
Didier?
Le vieux marquis, qui est resté pendant toute la scène immobile et muet, se lève et sort à pas lents du côté opposé à celui d'où il est venu ; ses gardes le suivent.
   LAFFEMAS, *essuyant une larme et le suivant*
     des yeux.
  En vérité! sa douleur me pénètre.
   UN VALET, *accourant.*
Monseigneur!
   BRICHANTEAU.
   Laissez donc tranquille votre maître!
   LE VALET.
C'est pour l'enterrement du feu marquis Gaspard.
Quelle heure fixe-t-on ?
   BRICHANTEAU.
     Vous le saurez plus tard.
   LE VALET.
Puis des comédiens, qui viennent de la ville,
Pour cette nuit céans demandent un asile.
   BRICHANTEAU.
Pour des comédiens le jour est mal choisi ;
Mais l'hospitalité, c'est un devoir aussi.
   Montrant une grange à la gauche du théâtre.
Donnez-leur cette grange.
   LE VALET, *tenant une lettre.*
      Une lettre qui presse...
Lisant.
Monsieur de Laffemas...
   LAFFEMAS.
     Donnez. C'est mon adresse.
   BRICHANTEAU, *bas à Saverny, qui est resté pensif*
     dans un coin.
Hâtons-nous, Saverny ! Viens tout expédier
Pour ton enterrement.
   Le tirant par la manche.
    Çà, rêves-tu?

SAVERNY, *à part.*
Didier!
Ils sortent.

SCÈNE IV.

LAFFEMAS, *seul.*

C'est le sceau de l'état.—Oui, le grand sceau de cire
rouge. Allons ! quelque affaire ! Ouvrons vite.
Lisant.
« Messire,
Lieutenant criminel, on vous fait ici part,
Que Didier, l'assassin du feu marquis Gaspard,
S'est échappé...»—Mon Dieu ! c'est un malheur énorme—
Une femme, qu'on dit la Marion de Lorme, [me!
L'accompagne. Veuillez au plus tôt revenir. »
— Vite, des chevaux ! — Moi ! qui croyais le tenir !
Bon ! une affaire encor manquée et mal conduite !
Malheur ! sur deux, pas un ! L'un est mort, l'autre en
Ah ! je le reprendrai ! [fuite.
Il sort.—Entre une troupe de comédiens de campagne,
hommes, femmes, enfants, en costume de caractère.
Parmi eux, Marion et Didier vêtus à l'espagnole ;
Didier coiffé d'un grand feutre et enveloppé d'un
manteau.

SCÈNE V.

LES COMÉDIENS, MARION, DIDIER.

UN VALET, *conduisant les comédiens à la grange.*
Voici votre logis.
Vous êtes chez monsieur le marquis de Nangis.
Tenez-vous décemment et tâchez de vous taire,
Car nous avons un mort que demain l'on enterre.
Surtout ne mêlez pas de chansons et de bruit
Aux chants que pour son âme on chantera la nuit.
LE GRACIEUX. — *Petit et bossu.* —
Nous ferons moins de bruit que tous vos chiens de chas-
Qui vous vont aboyant aux jambes quand on passe. [se
LE VALET.
Mais des chiens ne sont pas des baladins, mon cher.
LE TAILLEBRAS, *au Gracieux.*
Tais-toi ! tu nous feras, toi, coucher en plein air.
Le valet sort.
LE SCARAMOUCHE, *à Marion et à Didier, qui jusque-
là sont restés immobiles dans un coin du théâtre.*
Çà, maintenant-causons. Vous voilà de la troupe.
Pourquoi monsieur courait portant madame en croupe
Si l'on est deux époux ou deux tendres amants,
Si l'on fuit la police, ou bien les nécromans
Qui tenaient méchamment madame prisonnière,
Cela ne me regarde en aucune manière.
Que jouerez-vous ? voilà tout ce que je veux voir :
— Écoute, tu feras les Chimènes, œil noir !
Marion fait une révérence.
DIDIER, *indigné. — A part.*
Lui voir ainsi parler par un vil saltimbanque !
LE SCARAMOUCHE, *à Didier.*
Quant à toi, si tu veux d'un beau rôle, il nous manque
Un matamore. — On est fendu comme un compas,
On fait la grosse voix et l'on marche à grands pas,
Puis quand on a d'Orgon pris la femme ou la nièce,
On vient tuer le Maure à la fin de la pièce.
C'est un rôle tragique. Il t'irait entre tous.
DIDIER.
Comme il vous plaira.
LE SCARAMOUCHE.
Bon. Mais ne me dis plus vous,
Tu me manques.
Avec une profonde révérence.
Salut, matamore !

DIDIER, *à part.*
Ces drôles !
LE SCARAMOUCHE, *aux autres comédiens.*
Sur ce, faisons la soupe, et repassons nos rôles.
Tous entrent dans la grange, excepté Marion et Didier.

SCÈNE VI.

MARION, DIDIER. — *Puis* LE GRACIEUX, SA-VERNY. — *Puis* LAFFEMAS.

DIDIER, *après un long silence et avec un rire amer.*
Marie ! Eh bien, l'abîme est-il assez profond ?
Vous ai-je, misérable, assez conduite au fond ?
Vous m'avez voulu suivre ! hélas, ma destinée
Marche, et brise la vôtre, à sa roue enchaînée.
Hé bien, où sommes-nous ? — Je vous l'avais bien dit.
MARION, *tremblante et joignant les mains.*
Didier ! est-ce un reproche ?
DIDIER.
Ah ! que je sois maudit
Et plus maudit du Ciel, et plus proscrit des hommes,
Qu'on ne le fut jamais et que nous ne le sommes,
Hélas ! si de ce cœur, dont toi seule es la foi,
Jamais il peut sortir un reproche pour toi !
Quand tout me frappe ici, me repousse et m'exile,
N'es-tu pas mon sauveur, mon espoir, mon asile ?
Qui trompa le geôlier ? Qui vint limer mes fers ?
Qui descendit du ciel pour me suivre aux enfers ?
Avec le prisonnier qui donc s'est fait captive ?
Avec le fugitif qui s'est fait fugitive ?
Quelle autre eût eu ce cœur, plein de ruse et d'amour,
Qui délivre, soutient, console tour à tour ?
Moi, fatal et méchant, m'as-tu pas, faible femme,
Sauvé de mon destin, hélas ! et de mon âme !
N'as-tu pas eu pitié de ce pauvre opprimé ?
Moi, que tout haïssait, ne m'as-tu pas aimé ?
MARION, *pleurant.*
Didier, c'est mon bonheur, vous aimer et vous suivre !
DIDIER.
Oh ! laisse de tes yeux, laisse, que je m'enivre !
Dieu voulut, en mêlant une âme à mon limon,
Accompagner mes jours d'un ange et d'un démon ;
Mais, oh ! qu'il soit béni, lui dont la grâce étrange
Me cache le démon et me laisse voir l'ange !
MARION.
Vous êtes mon Didier, mon maître et mon seigneur.
DIDIER.
Ton mari, n'est-ce pas ?
MARION, *à part.*
Hélas !
DIDIER.
Que de bonheur,
En quittant cette terre implacable et jalouse,
Te prendre et t'avouer pour dame et pour épouse !
Tu veux bien ? dis, réponds.
MARION.
Je serai votre sœur,
Et vous serez mon frère.
DIDIER.
Oh non ! cette douceur,
De t'avoir devant Dieu pour mienne, pour sacrée,
Ne la refuse pas à mon âme altérée !
Va, tu peux avec moi venir en sûreté,
Car l'amant à l'époux garde ta pureté !
MARION, *à part.*
Hélas !
DIDIER.
Savez-vous bien quel était mon supplice ?
Souffrir qu'un baladin vous parle et vous salisse !
Ah ! ce n'est pas la moindre entre tant de douleurs
Que de vous voir mêlée à ces vils bateleurs !
Vous chaste et noble fleur, jetée avec ces femmes,

Avec ces hommes pleins d'impuretés infâmes!
MARION.
Didier, soyez prudent.
DIDIER.
Dieu! que j'ai combattu
Contre ma colère... Ah! cet homme, il vous dit: *Tu!*
Quand moi, moi, votre époux, à peine encor je l'ose,
De crainte d'enlever à ce front quelque chose!
MARION.
Vivez bien avec eux, il y va de vos jours,
Des miens!
DIDIER.
Elle a raison, elle a raison toujours!
Ah! quoique à chaque instant mon mauvais sort renais-
Tu me donnes ton cœur, ton bonheur, ta jeunesse! [se,
D'où vient que tous ces dons sont prodigués pour moi,
Qui seraient peu payés du royaume d'un roi?
Je ne t'offre en retour que misère et folie.
Le ciel te donne à moi, l'enfer à moi te lie.
Pour mériter tous deux ce partage inégal,
Qu'ai-je donc fait de bien et qu'as-tu fait de mal?
MARION.
Ah Dieu! tout mon bonheur me vient de vous.
DIDIER, *redevenu sombre.*
Écoute,
Quand tu parles ainsi, tu le penses sans doute.
Mais je dois t'avertir, oui, mon astre est mauvais.
J'ignore d'où je viens et j'ignore où je vais.
Mon ciel est noir. — Marie, écoute une prière. —
Il en est temps encor, toi, retourne en arrière;
Laisse-moi suivre seul ma sombre route; hélas!
Après ce dur voyage, et quand je serai las,
La couche qui m'attend, froide d'un froid de glace,
Est étroite, et pour deux n'a pas assez de place.
—Va-t'en!
MARION.
Didier, je veux dans l'ombre et sans témoins,
Partager avec vous... — Oh! celle-là du moins!
DIDIER.
Que veux-tu donc? Sais-tu qu'à me suivre poussée,
Tu vas cherchant l'exil, la misère? Insensée!
Et peut-être, entends-tu? de si longues douleurs
Que tes yeux adorés s'éteindront dans les pleurs!
Marion laisse tomber sa tête dans ses mains.
Ah! je le jure ici, cette peinture est vraie,
Et tu me fais pitié! ton avenir m'effraie,
Va-t'en!
MARION, *éclatant en sanglots.*
Ah! tuez-moi, si vous voulez encor
Parler ainsi!
Sanglotant.
Mon Dieu!
DIDIER, *la prenant dans ses bras.*
Marie, ô mon trésor!
Tant de larmes! j'aurais donné mon sang pour une!
Fais ce que tu voudras! suis-moi, sois ma fortune,
Ma gloire, mon amour, mon bien et ma vertu!
Marie! ah! réponds-moi; je parle, m'entends-tu?
Il l'assied doucement sur le banc de gazon.
MARION, *se dégageant de ses larmes.*
Ah! vous m'avez fait mal.
DIDIER, *à genoux et courbé sur sa main.*
Moi qui mourrais pour elle!
MARION, *souriant dans ses larmes.*
Vous m'avez fait pleurer, méchant!
DIDIER.
Vous êtes belle!
Il s'assied sur le banc à côté d'elle.
Un seul baiser! au front, pur comme nos amours.
Il la baise au front. — Tous deux assis se regardent
avec ivresse.
Regarde-moi, Marie, — encore, — ainsi, — toujours!

LE GRACIEUX, *entrant.*
On appelle doña Chimène dans la grange.
Marion se lève précipitamment d'auprès de Didier. —
En même temps que le Gracieux, entre Saverny, qui
s'arrête au fond du théâtre et considère attentivement
Marion, sans voir Didier, qui est resté assis sur le banc
et qu'une broussaille lui cache.

SAVERNY, *au fond du théâtre sans être vu, à part.*
Pardieu, c'est Marion! l'aventure est étrange!
Riant.
Chimène!
LE GRACIEUX, *à Didier qui veut suivre Marion.*
Restez là. Vous, monsieur le jaloux,
Je veux vous taquiner.
DIDIER.
Corps-Dieu!
MARION, *bas à Didier.*
Contenez-vous.
Didier se rassied, elle entre dans la grange.
SAVERNY, *au fond du théâtre, à part.*
Qui donc lui fait courir le pays de la sorte?
Serait-ce le galant qui m'a prêté main-forte
Et sauvé l'autre soir?.. Son Didier! c'est cela.
Entre Laffemas.
LAFFEMAS, *en habit de voyage, saluant Saverny.*
Monsieur, je prends congé de vous...
SAVERNY, *saluant.*
Ah! vous voilà,
Monsieur! Vous nous quittez...
Il rit.
LAFFEMAS.
Qu'avez-vous donc à rire?
SAVERNY, *riant.*
C'est une folle histoire, et l'on peut vous la dire.
Parmi ces bateleurs qui ne font qu'arriver,
Là, devinez un peu qui je viens de trouver?
LAFFEMAS.
Parmi ces bateleurs!
SAVERNY.
Oui.
Riant plus fort.
Marion de Lorme!
LAFFEMAS, *tressaillant.*
Marion de Lorme!
DIDIER, *qui depuis leur arrivée a le regard fixé
sur eux.*
Hein!
Il se lève à demi sur son banc.
SAVERNY, *riant toujours.*
Il faut que j'en informe
Tout Paris. — Allez-vous, monsieur, de ce côté?
LAFFEMAS.
Oui, le fait y sera fidèlement porté.
Mais êtes-vous bien sûr d'avoir cru reconnaître?...
SAVERNY.
Vive-France! On connaît sa Marion, peut-être!
Fouillant dans sa poche.
J'ai sur moi son portrait, doux gage de sa foi,
Qu'elle fit peindre exprès par le peintre du Roi.
Il donne à Laffemas un médaillon.
Comparez.
Montrant la porte de la grange.
On la voit par cette porte ouverte...
En Espagnole, — avec une basquine verte...
LAFFEMAS, *portant les yeux tour à tour sur le
portrait et sur la grange.*
C'est elle! — Marion de Lorme!...
A part.
Je le tiens!
A Saverny.
A-t-elle un compagnon parmi tous ces païens?
SAVERNY.
Sans l'avoir vu, j'en jure! — Hé! sans être bégueules,
Ces dames n'aiment pas courir le pays seules.

LAFFEMAS, *à part.*
Faisons vite garder la porte. Il faudra bien
Que je démêle après le faux comédien.
A coup sûr, il est pris !
  Il sort.
SAVERNY, *regardant sortir Laffemas, à part.*
  J'ai fait quelque sottise.
Bah !
Prenant à part le Gracieux, qui jusque-là est resté dans un coin, gesticulant tout seul et grommelant son rôle entre ses dents.
— Quelle est cette dame, — ici, — dans l'ombre,—
  [assise ?
  Il lui montre la porte de la grange.
  LE GRACIEUX.
La Chimène ?
  Avec solennité.
  Seigneur, je ne sais pas son nom.
  Montrant Didier.
Parlez à ce seigneur, son noble compagnon.
  Il sort du côté du parc.

SCÈNE VII.

DIDIER, SAVERNY.

SAVERNY, *se tournant vers Didier.*
C'est monsieur ? Dites-moi... — Mais c'est singulier
  [comme
Il me regarde... Allons, mais c'est lui, c'est mon
  [homme.
  Haut à Didier.
S'il n'était en prison, vous ressembliez, mon cher...
  DIDIER.
Et vous, s'il n'était mort, vous avez un faux air
D'un homme... — Que son sang sur sa tête retombe !—
A qui j'ai dit deux mots qui l'ont mis dans la tombe.
  SAVERNY.
Chut !... — Vous êtes Didier !
  DIDIER.
      Vous, le marquis Gaspard !
  SAVERNY.
C'est vous qui vous trouviez certain soir quelque part.
Donc, je vous dois la vie...
  Il s'approche les bras ouverts. — Didier recule.
  DIDIER.
      Excusez ma surprise,
Marquis, mais je croyais vous l'avoir bien reprise.
  SAVERNY.
Point. Vous m'avez sauvé, non tué. Maintenant,
Vous faut-il un second, un frère, un lieutenant ?
Que voulez-vous de moi ? mon bien, mon sang, mon
  DIDIER.   [âme ?
Non, rien de tout cela ! mais ce portrait de femme.
  Saverny lui donne le portrait.
  Amèrement en regardant le portrait.
Oui, voilà son beau front, son œil noir, son cou blanc,
Surtout son air candide, — il est bien ressemblant.
  SAVERNY.
Vous trouvez ?
  DIDIER.
      C'est pour vous, dites, qu'elle fit faire
Ce portrait ?
SAVERNY, *avec un geste affirmatif, saluant Didier.*
  A présent, c'est vous qu'elle préfère,
Vous qu'elle aime et choisit entre tant d'amoureux.
Heureux homme !
  DIDIER, *avec un rire éclatant et désespéré.*
      Est-ce pas que je suis bien heureux !
  SAVERNY.
Je vous fais compliment. C'est une bonne fille,
Et qui n'aime jamais que des fils de famille.
D'une telle maîtresse on a droit d'être fier,
C'est honorable ; et puis cela donne bon air ;

C'est de bon goût ; et si de vous quelqu'un s'informe,
On dit tout haut : l'amant de Marion de Lorme !
Didier veut lui rendre le portrait, il refuse de le recevoir.
Non, gardez le portrait. Elle est à vous ; ainsi
Le portrait vous revient de droit ; gardez.
  DIDIER.
      Merci.
  Il serre le portrait dans sa poitrine.
  SAVERNY.   [gnole !—
Mais savez-vous qu'elle est charmante en Espa-
Donc vous me succédez ? — Un peu, sur ma parole,
Comme le roi Louis succède à Pharamond.
Moi, ce sont les Brissac, — oui, tous les deux
Supplanté.   [qui m'ont
  Riant.
      Croiriez-vous ?... le cardinal lui-même !
Puis le petit d'Effiat ; puis les trois Sainte-Mesme ;
Puis les quatre Argenteau... — Vous êtes dans son
En bonne compagnie...   [cœur
  Riant.
      Un peu nombreuse...
  DIDIER, *à part.*
      Horreur !
  SAVERNY.
Çà, vous me conterez... Moi, pour ne rien vous taire,
Je passe ici pour mort, et demain on m'enterre.
Vous, vous aurez trompé sbires et sénéchaux,
Marion vous aura fait ouvrir les cachots ;
Vous aurez joint en route une troupe ambulante,
N'est-ce pas ?... Ce doit être une histoire excellente !
  DIDIER.
Toute une histoire !
  SAVERNY.
      Elle a, pour vous, fait les yeux doux
Sans doute à quelque archer ?
  DIDIER, *d'une voix de tonnerre.*
      Tête et sang ! croyez-vous ?
  SAVERNY.
Quoi ! seriez-vous jaloux ?
  Riant.
      Oh ! ridicule énorme !
Jaloux de qui ? jaloux de Marion de Lorme !
La pauvre enfant ! N'allez pas lui faire un sermon !
  DIDIER.
Soyez tranquille !
  A part.
      O Dieu ! l'ange était un démon !
  Entrent Laffemas et le Gracieux. — Didier sort. Saverny le suit.

SCÈNE VIII.

LAFFEMAS, LE GRACIEUX.

LE GRACIEUX, *à Laffemas.*
Seigneur, je ne sais pas ce que vous voulez dire,
  A part.
Humph ! Costume d'alcade et figure de sbire !
Un petit œil, orné d'un immense sourcil !
Sans doute il joue ici le rôle d'alguazil !
  LAFFEMAS, *tirant une bourse.*
L'ami !
  LE GRACIEUX, *se rapprochant, bas à Laffemas.*
  Notre Chimène est ce qui vous intrigue,
Et vous voulez savoir ?...
  LAFFEMAS, *bas, en souriant.*
      Oui, quel est son Rodrigue ?
  LE GRACIEUX.
Son galant ?
  LAFFEMAS.
  Oui.
  LE GRACIEUX.
      Celui qui gémit sous sa loi ?

LAFFEMAS, *avec impatience.*
Est-il là?
LE GRACIEUX.
Sans doute.
LAFFEMAS, *s'approchant vivement de lui.*
Hé! fais-moi le voir!
LE GRACIEUX, *avec une profonde révérence.*
C'est moi.
J'en suis fou.
Laffemas désappointé s'éloigne avec dépit, puis se rapproche faisant sonner sa bourse à l'oreille et aux yeux du Gracieux.
LAFFEMAS.
Connais-tu le son des génovines!
LE GRACIEUX.
Ah! Dieu! cette musique a des douceurs divines!
LAFFEMAS.
A part.
J'ai mon Didier!
Au Gracieux.
Vois-tu cette bourse?
LE GRACIEUX.
Combien?
LAFFEMAS.
Vingt génovines d'or.
LE GRACIEUX.
Humph!
LAFFEMAS, *lui faisant sonner la bourse sous le nez.*
Veux-tu?
LE GRACIEUX, *lui arrachant la bourse.*
Je veux bien.
D'un ton théâtral, à Laffemas qui l'écoute avec anxiété.
Monseigneur! si ton dos portait,—bien à son centre,—
Une bosse, en grosseur égale à ton gros ventre,
Si tu faisais remplir ces deux sacs de ducats,
De louis, de doublons, de sequins... en ce cas..
LAFFEMAS, *vivement.*
Eh bien! que dirais-tu?
LE GRACIEUX, *mettant la bourse dans sa poche.*
J'empocherais la somme,
Et je dirais :
Avec une profonde révérence.
Merci, vous êtes un bon homme!
LAFFEMAS, *à part, furieux.*
Peste du jeune singe!
LE GRACIEUX, *à part, riant.*
Au diable le vieux chat!
LAFFEMAS, *à part.*
Ils se sont entendus au cas qu'on le cherchât.
C'est un complot tramé. Tous se tairont de même.
Oh! les maudits satans d'Égypte et de Bohême!
Au Gracieux qui s'en va.
Çà, rends la bourse au moins!
LE GRACIEUX, *se retournant, d'un ton tragique.*
Pour qui me prenez-vous,
Seigneur? et l'univers, que dirait-il de nous?
Vous, proposer, et moi, faire la chose infâme
De vous vendre à prix d'or une tête et mon âme!
Il veut sortir.
LAFFEMAS, *le retenant.*
Fort bien! mais rends l'argent.
LE GRACIEUX, *toujours sur le même ton.*
Je garde mon honneur,
Et je n'ai pas de compte à vous rendre, seigneur!
Il le salue et rentre dans la grange.

SCÈNE IX.

LAFFEMAS, *seul.*

Vil baladin! l'orgueil en des âmes si basses! [ses,
S'il se pouvait qu'un jour en mes mains tu tombas-
Et si je ne chassais un plus noble gibier... —
Comment dans tout cela découvrir le Didier? —
Prendre toute la bande en masse, et puis la faire
Mettre à la question, on ne peut. — Quelle affaire!
C'est chercher une aiguille en tout un champ de blé.
Il faudrait un creuset d'alchimiste endiablé
Qui, rongeant cuivre et plomb, mit à nu la parcelle
D'or pur que ce lingot d'alliage recèle.—
Retourner sans ma prise auprès de monseigneur
Le cardinal!
Se frappant le front.
Mais oui... quelle idée!... ô bonheur!
Il est pris!
Appelant par la porte de la grange.
Hé, messieurs de la troupe comique,
Deux mots!
Les comédiens sortent en foule de la grange.

SCÈNE X.

LES MÊMES. LES COMÉDIENS, *parmi eux* MARION *et* DIDIER; *puis* LE MARQUIS DE NANGIS.

LE SCARAMOUCHE, *à Laffemas.*
Que nous veut-on?
LAFFEMAS.
Sans phrase académique,
Voici : — Le cardinal m'a commis à l'effet
De trouver, pour jouer dans les pièces qu'il fait
Aux moments de loisir que lui laisse le prince,
De bons comédiens, s'il en est en province,
Car, malgré ses efforts, son théâtre est caduc
Et lui fait peu d'honneur pour un cardinal-duc.
Tous les comédiens s'approchent avec empressement.
— Entre Saverny, qui observe avec curiosité ce qui se passe.
LE GRACIEUX, *à part, comptant les génovines de Laffemas dans un coin.*
Douze! il m'avait dit vingt! il m'a volé! Vieux drôle!
LAFFEMAS.
Dites-moi tour à tour chacun un bout de rôle,
Tous! — Pour que je choisisse et que je juge enfin.
A part.
S'il se tire de là, le Didier sera fin!
Haut.
Êtes-vous au complet?
Marion s'approche furtivement de Didier, et cherche à l'entraîner. Didier recule et la repousse.
LE GRACIEUX, *allant à eux.*
Eh! venez donc, vous autres!
MARION.
Juste Ciel!
Didier la quitte et va se mêler aux comédiens; elle le suit.
LE GRACIEUX.
Êtes-vous heureux d'être des nôtres!
Avoir des habits neufs, tous les jours un régal,
Et dire tous les soirs des vers de Cardinal!
C'est un sort!
Tous les comédiens se rangent devant Laffemas. Marion et Didier parmi eux. Didier sans regarder Marion, l'œil fixé en terre, les bras croisés sous son manteau; Marion, au contraire, attache sur Didier des yeux pleins d'anxiété.
LE GRACIEUX, *en tête de la troupe, à part.*
Eût-on cru que ce corbeau sinistre
Recrutât des farceurs au cardinal-ministre!
LAFFEMAS, *au Gracieux.*
Toi, d'abord. Quel es-tu?
LE GRACIEUX, *avec un grand salut et une pirouette qui fait ressortir sa bosse.*
Je suis le Gracieux
De la troupe, et voici ce que je sais le mieux :
Il chante.

Des magistrats, sur des nuques
Ce sont d'énormes perruques.

De toute cette toison,
On voit sortir à foison
Gênes, gibet, roue, amende,
Au moindre signe évident
D'une perruque plus grande
Qu'on nomme le président.
L'avocat, c'est un déluge
De mots tombant sur le juge,
C'est un mélange matois
De latin et de patois....

LAFFEMAS, *l'interrompant.*
Tu chantes faux, à rendre envieuse une orfraie !
Tais-toi !

LE GRACIEUX, *riant.*
Le chant est faux, mais la chanson est vraie.

LAFFEMAS, *au Scaramouche.*
A votre tour.

LE SCARAMOUCHE, *saluant.*
Je suis Scaramouche, seigneur.
J'ouvre la scène ainsi dans *la Duègne d'honneur :*
Déclamant.
« Rien n'est plus beau, disait une reine d'Espagne,
» Qu'un évêque à l'autel, un gendarme en campagne,
» Si ce n'est dame au lit et voleur au gibet... »
Laffemas l'interrompt du geste, et fait signe au Taillebras de parler. Le Taillebras salue profondément, et se redresse.

LE TAILLEBRAS, *avec emphase.*
Moi, je suis Taillebras. J'arrive du Thibet,
J'ai puni le grand Khan, pris le Mogol rebelle...

LAFFEMAS.
Autre chose !
Bas à Saverny, qui est debout devant lui.
Vraiment, que Marion est belle !

LE TAILLEBRAS.
C'est pourtant du meilleur. — S'il vous plaît, cependant,
Je serai Charlemagne, empereur d'Occident.
Il déclame avec emphase.
« Quel étrange destin ! ô ciel ! je vous appelle !
»Soyez témoin, ô ciel, de ma peine cruelle ;
»Il me faut dépouiller moi-même de mon bien,
»Délivrer à un autre un amour qui est mien,
»En douer mon contraire, et l'emplir de liesse,
»M'enfiellant l'estomac d'une amère tristesse.
»Ainsi pour vous, oiseaux, au bois vous ne nichez ;
»Ainsi, mouches, pour vous aux champs vous ne ruchez ;
»Ainsi pour vous, moutons, vous ne portez la laine ;
»Ainsi pour vous, taureaux, vous n'écorchez la plaine !»

LAFFEMAS.
Bon.
A Saverny.
— Tudieu ! les beaux vers ! c'est dans la *Bradamante*
De Garnier ! quel poète !
A Marion.
A votre tour, charmante !

Votre nom ?

MARION, *tremblante.*
Moi, je suis la Chimène.

LAFFEMAS.
Vraiment !
La Chimène ? en ce cas, vous avez un amant
Qui tue en duel quelqu'un...

MARION, *effrayée.*
Moi !

LAFFEMAS, *ricanant.*
J'ai bonne mémoire,
Et qui se sauve...

MARION, *à part.*
Dieu !

LAFFEMAS.
Contez-nous cette histoire.

MARION, *à demi tournée vers Didier.*
Puisque pour l'empêcher de courir au trépas,

»Ta vie et ton honneur sont de faibles appas ;
»Si jamais je t'aimai, cher Rodrigue, en revanche
»Défends-toi maintenant pour m'ôter à don Sanche.
»Combats pour m'affranchir d'une condition
»Qui me livre à l'objet de mon aversion.
»Te dirai-je encor plus ? va, songe à ta défense,
»Pour forcer mon devoir, pour m'imposer silence ;
»Et si tu sens pour moi ton cœur encore épris,
»Sors vainqueur d'un combat dont Chimène est le prix !»
Laffemas se lève avec galanterie et lui baise la main.
Marion pâle regarde Didier, qui demeure immobile, les yeux baissés.

LAFFEMAS.
Certe, il n'est pas de voix qui mieux que vous ne faites,
Nous prenne au fond du cœur par des fibres secrètes ;
Vous êtes adorable !
A Saverny.
On ne peut le nier,
Le Corneille, après tout, ne vaut pas le Garnier.
Pourtant, il fait en vers meilleure contenance
Depuis qu'il a l'honneur d'être à son éminence.
A Marion.
Quel talent ! quels beaux yeux ! vous enterrer ainsi !
Vous n'êtes pas, madame, à votre place ici.
Asseyez-vous donc là.
Il s'assied et fait signe à Marion de venir s'asseoir près de lui. Elle recule.

MARION, *bas à Didier, avec angoisse.*
Grand Dieu ! restons ensemble !

LAFFEMAS, *souriant.*
Mais venez près de moi vous asseoir.
Didier repousse Marion qui vient tomber effrayée sur le banc près de Laffemas.

MARION, *à part.*
Ah ! je tremble.

LAFFEMAS, *souriant à Marion d'un air de reproche.*
Enfin !...
A Didier.
Vous, votre nom ?
Didier fait un pas vers Laffemas, jette son manteau et enfonce son chapeau sur sa tête.

DIDIER, *d'un ton grave.*
Je suis Didier.

MARION, LAFFEMAS, SAVERNY.
Didier !
Étonnement et stupeur.

DIDIER, *à Laffemas qui ricane avec triomphe.*
Vous pouvez à présent tous les congédier !
Vous avez votre proie : elle reprend sa chaîne.
Ah ! cette joie enfin vous coûte assez de peine !

MARION, *courant à lui.*
Didier !

DIDIER, *avec un regard glacé.*
De celui-ci ne me détournez pas,
Madame !
Elle recule et vient tomber anéantie sur le banc.
A Laffemas.
Autour de moi j'ai vu tourner tes pas,
Démon ! j'ai dans tes yeux vu la sinistre flamme
De ce rayon d'enfer qui t'illuminait l'âme !
Je pouvais fuir ton piége, inutile à moitié ;
Mais tant d'efforts perdus, cela m'a fait pitié !
Prends-moi, fais-toi payer ta pauvre perfidie !

LAFFEMAS, *avec une colère concentrée et s'efforçant de rire.*
Donc, vous ne jouez pas, monsieur, la comédie ?

DIDIER.
C'est toi qui l'as jouée !

LAFFEMAS.
Oh ! je la jouerais mal.
Mais j'en fais une avec monsieur le cardinal ;
C'est une tragédie, — où vous aurez un rôle.
Marion pousse un cri d'effroi. Didier se détourne avec dédain.
Ne tournez pas ainsi la tête sur l'épaule,

2

Nous irons jusqu'au bout admirer votre jeu.
Allez! recommandez, monsieur, votre âme à Dieu.
MARION.
Ah!...
En ce moment, le marquis de Nangis repasse au fond du théâtre, toujours dans sa première attitude et avec son peloton de hallebardiers. Au cri de Marion, il s'arrête et se tourne vers les assistants, pâle, muet et immobile.
LAFFEMAS, *au marquis de Nangis.*
Monsieur le marquis, je réclame main-forte.
Bonne nouvelle! mais prêtez-moi votre escorte.
L'assassin du marquis Gaspard s'était enfui,
Mais nous l'avons repris.
MARION, *se jetant aux genoux de Laffemas.*
Monsieur, pitié pour lui!
LAFFEMAS, *avec galanterie.*
Vous à mes pieds, madame! Hé! ma place est aux vôtres.
MARION, *toujours à genoux et joignant les mains.*
Oh, monseigneur le juge! ayez pitié des autres,
Si vous voulez qu'un jour un juge plus jaloux,
Prêt à punir aussi, prenne pitié de vous!
LAFFEMAS, *souriant.*
Mais quoi! c'est un sermon, vraiment, que vous nous
Ah! madame, régnez aux bals, brillez aux fêtes, [faites!
Mais ne nous prêchez point.—Pour vous je ferais tout,
Mais cet homme a tué, c'est un meurtre...
DIDIER, *à Marion.*
Debout!
Marion se relève tremblante.
A Laffemas.
Tu mens! ce n'est qu'un duel.
LAFFEMAS.
Monsieur...
DIDIER.
Tu mens, te dis-je!
LAFFEMAS.
Paix!
A Marion.
—Le sang veut du sang. Cette rigueur m'afflige.
Il a tué? tué qui?—Le marquis Gaspard
De Saverny,—
Montrant M. de Nangis.
Neveu de ce digne vieillard,
Jeune seigneur parfait! c'est la plus grande perte
Pour la France et le Roi!.. S'il n'était pas mort, certe,
Je ne dis pas... mon cœur n'est pas de roche,.. et si..
SAVERNY, *faisant un pas.*
Celui que l'on croit mort n'est pas mort.—Le voici!
Étonnement général.
LAFFEMAS, *tressaillant.*
Gaspard de Saverny! mais à moins d'un prodige?..
Ils ont là son cercueil!
SAVERNY, *arrachant ses fausses moustaches, son emplâtre et sa perruque noire.*
Il n'est pas mort, vous dis-je!
Me reconnaissez-vous?
LE MARQUIS DE NANGIS, *comme réveillé d'un rêve, pousse un cri et se jette dans ses bras.*
Mon Gaspard! mon neveu!
Mon enfant!
Ils se tiennent étroitement embrassés.
MARION, *tombant à genoux et les yeux au ciel.*
Ah! Didier est sauvé!— Juste Dieu!
DIDIER, *froidement à Saverny.*
A quoi bon? Je voulais mourir.
MARION, *toujours prosternée.*
Dieu le protége!
DIDIER, *continuant sans l'écouter.*
Autrement croyez-vous qu'il m'eût pris à son piége,
Et que je n'eusse pas rompu de l'éperon
Sa toile d'araignée à prendre un moucheron?
La mort est désormais le seul bien que j'envie.
Vous me servez bien mal pour me devoir la vie.

MARION.
Que dit-il? vous vivrez!
LAFFEMAS.
Çà, tout n'est pas fini.
Est-il sûr que c'est là Gaspard de Saverny?
MARION.
Oui!
LAFFEMAS.
C'est ce qu'il convient d'éclaircir à cette heure.
MARION, *lui montrant le marquis de Nangis qui tient toujours Saverny embrassé.*
Regardez ce vieillard qui sourit et qui pleure.
LAFFEMAS.
Est-ce bien là Gaspard de Saverny?
MARION.
Comment
Pouvez-vous en douter à cet embrassement?
LE MARQUIS DE NANGIS, *se détournant.* [âme!
Si c'est lui! mon Gaspard! mon fils! mon sang! mon
A Marion.
N'a-t-il pas demandé si c'était lui, madame?
LAFFEMAS, *au marquis de Nangis.*
Ainsi vous affirmez que c'est votre neveu
Gaspard de Saverny?
LE MARQUIS DE NANGIS, *avec force.*
Oui!
LAFFEMAS.
D'après cet aveu,
A Saverny.
De par le Roi, marquis Gaspard, je vous arrête.
— Votre épée!
Étonnement et consternation dans l'assistance.
LE MARQUIS DE NANGIS.
O mon fils!
MARION.
Ciel!
DIDIER.
Encore une tête!
Au fait, il en faut deux. Au cardinal romain,
C'est le moins qu'il revienne une dans chaque main!
LE MARQUIS DE NANGIS.
De quel droit?...
LAFFEMAS.
Demandez compte à son éminence.
Tous survivants au duel tombent sous l'ordonnance.
A Saverny.
Donnez-moi votre épée!
DIDIER, *regardant Saverny.*
Insensé!
SAVERNY, *tirant son épée et la présentant à Laffemas.*
La voici.
LE MARQUIS DE NANGIS, *l'arrêtant.*
Un instant! devant moi nul n'est seigneur ici;
Seul j'ai dans ce château justice basse et haute;
Notre sire le Roi n'y serait que mon hôte.
A Saverny.
Ne remettez qu'à moi votre épée.
Saverny lui remet son épée et le serre dans ses bras.
LAFFEMAS.
En honneur,
C'est un droit féodal fort déchu, monseigneur.
Monsieur le cardinal pourra m'en faire un blâme,
Mais moi, qui ne veux pas vous affliger...
DIDIER.
Infâme!
LAFFEMAS, *s'inclinant devant le marquis.*
J'y souscris. En revanche, à présent, pour raison,
Prêtez-moi votre garde avec votre prison.
LE MARQUIS DE NANGIS, *à ses gardes.*
Vos pères ont été vassaux de mes ancêtres.
Je vous défends à tous de faire un pas!
LAFFEMAS, *d'une voix tonnante.*
Mes maîtres!

Écoutez! je suis juge au secret tribunal,
Lieutenant-criminel du seigneur cardinal.
Qu'on les mène tous deux en prison. Il importe
Que quatre d'entre vous veillent à chaque porte.
Vous en répondez tous. Or vous seriez hardis
De ne pas m'obéir; car si lorsque je dis
A l'un de vous qu'il aille, exécute et se taise,
Il hésite, alors c'est — que sa tête lui pèse.

Les gardes consternés entraînent en silence les deux prisonniers. Le marquis de Nangis se détourne indigné et cache ses yeux de sa main.

MARION, *à Laffemas.*

Tout est perdu! monsieur, si votre cœur...

LAFFEMAS, *bas à Marion.*

Ce soir
Je vous dirai deux mots, si vous me venez voir.

MARION, *à part.*

Que me veut-il? Il a des sourires funèbres.
C'est une âme profonde et pleine de ténèbres.

Se jetant vers Didier.

Didier!

DIDIER, *froidement.*

Adieu, madame!

MARION, *frissonnant du son de sa voix.*

Hé bien! qu'ai-je donc fait?
Ah! malheureuse!

Elle tombe sur le banc.

DIDIER.

Oh! oui, malheureuse en effet!

SAVERNY, *il embrasse le marquis de Nangis, puis se tourne vers Laffemas.*

Monsieur, doublera-t-on le payement pour deux têtes?

UN VALET, *entrant, au vieux marquis.*

De monseigneur Gaspard les obsèques sont prêtes,
Pour la cérémonie, on vient de votre voix
Savoir l'heure et le jour.

LAFFEMAS.

Revenez dans un mois.

Les gardes emmènent Didier et Saverny.

ACTE QUATRIÈME.

La salle des gardes du château de Chambord.

SCÈNE I.

LE DUC DE BELLEGARDE, *riche costume de cour avec toutes les broderies et toutes les dentelles, le cordon du Saint-Esprit au cou et la plaque au manteau.* LE MARQUIS DE NANGIS, *grand deuil, et toujours suivi de son peloton de gardes.*

Ils traversent tous deux le fond du théâtre.

LE DUC DE BELLEGARDE.

Condamné?

LE MARQUIS DE NANGIS.

Condamné!

LE DUC DE BELLEGARDE.

Bien. Mais le Roi fait grâce.
C'est un droit de son trône, un devoir de sa race.
Soyez tranquille. Il est, de cœur comme de nom,
Fils d'Henri Quatre.

LE MARQUIS DE NANGIS.

Et moi j'en fus le compagnon.

LE DUC DE BELLEGARDE.

Vive Dieu! nous avons pour le père avec joie
Usé plus d'un pourpoint de fer, et non de soie!
Marquis, allez au fils, montrez vos cheveux gris,
Et pour tout plaidoyer, dites : Ventre-Saint-Gris!
— Que Richelieu lui donne une raison meilleure!
— Mais cachez-vous d'abord.

Il lui ouvre une porte latérale.

Il viendra tout à l'heure.
Puis, à vous parler franc, vos habits que voici
Sont coupés d'une mode à faire rire ici.

LE MARQUIS DE NANGIS.

Rire de mon deuil!

LE DUC DE BELLEGARDE.

Ah! tous ces muguets! — Compère,
Tenez-vous là. Le Roi viendra bientôt, j'espère.
Je le disposerai contre le cardinal.
Puis, quand je frapperai du pied, à ce signal
Vous viendrez.

LE MARQUIS DE NANGIS, *lui serrant la main.*

Dieu vous paie!

LE DUC DE BELLEGARDE, *à un mousquetaire qui se promène devant une petite porte dorée.*

Hé, monsieur de Navaille,
Que fait le Roi?

LE MOUSQUETAIRE.

Mon duc, sa majesté travaille...

Baissant la voix.

Avec un homme noir.

LE DUC DE BELLEGARDE, *à part.*

Je crois que justement
C'est un arrêt de mort qu'il signe en ce moment.

Au vieux marquis, en lui serrant la main.

Courage!

Il l'introduit dans la galerie voisine.

En attendant que je vous avertisse,
Regardez ces plafonds qui sont du Primatice.

Ils sortent tous deux. — Entre Marion, en grand deuil, par la grande porte du fond qui donne sur l'escalier.

SCÈNE II.

MARION, LES GARDES.

LE HALLEBARDIER *de garde, à Marion.*
Madame, on n'entre pas.

MARION, *avançant.*

Monsieur...

LE HALLEBARDIER, *mettant sa hallebarde en travers de la porte.*

On n'entre point.

MARION, *avec dédain.*

Ici contre une dame on met la lance au poing!
Ailleurs, c'est pour...

LE MOUSQUETAIRE, *riant, au hallebardier.*

Attrape!

MARION, *d'une voix ferme.*

Il faut, monsieur le garde,
Que je parle à l'instant au duc de Bellegarde.

LE HALLEBARDIER, *baissant sa hallebarde, à part.*
Hum! tous ces verts-galants!

2.

LE MOUSQUETAIRE.
Madame, entrez.
Elle entre et s'avance d'un pas déterminé.
LE HALLEBARDIER, *à part, et la regardant du coin de l'œil.*
C'est clair!
Le bon vieux duc n'est pas si vieux qu'il en a l'air.
Jadis le Roi l'eût fait mettre à la tour du Louvre
Pour donner rendez-vous chez lui.
LE MOUSQUETAIRE, *faisant signe au hallebardier de se taire.*
La porte s'ouvre.
La petite porte dorée s'ouvre. M. de Laffemas en sort tenant à la main un rouleau de parchemin auquel pend un sceau de cire rouge à des tresses de soie.

SCÈNE III.

MARION, LAFFEMAS.

Geste de surprise de tous deux. Marion se détourne avec horreur.
LAFFEMAS, *s'avançant vers Marion à pas lents, bas.*
Que faites-vous céans?
MARION.
Et vous?
Laffemas déroule le parchemin et l'étale devant ses yeux.
LAFFEMAS.
Signé du Roi.
MARION, *après un coup d'œil, cachant son visage de ses mains.*
Dieu!
LAFFEMAS, *se penchant à son oreille.*
Voulez-vous?
Marion tressaille et le regarde en face. Il fixe ses yeux sur ceux de Marion.
Baissant la voix.
Veux-tu?
MARION, *le repoussant.*
Tentateur! laisse-moi!
LAFFEMAS, *se redressant avec un ricanement.*
Donc, vous ne voulez pas?
MARION.
Crois-tu que je te craigne?
Le Roi peut faire grâce, et c'est le Roi qui règne.
LAFFEMAS.
Essayez-en. — Usez du bon vouloir du Roi!
Il lui tourne le dos, puis revient tout à coup sur ses pas, croise les bras, et se penche à son oreille.
Prenez garde qu'un jour je ne veuille plus, moi!
Il sort. — Entre le duc de Bellegarde.

SCÈNE IV.

MARION, LE DUC DE BELLEGARDE.

MARION, *allant au duc.*
Monsieur le duc, ici vous êtes capitaine.
LE DUC DE BELLEGARDE.
Quoi, charmante, c'est vous!
Saluant.
Que voulez-vous, ma reine?
MARION.
Voir le Roi.
LE DUC DE BELLEGARDE.
Quand?
MARION.
Sur l'heure.
LE DUC DE BELLEGARDE.
Hé, l'ordre est bref! — Pourquoi?
MARION.
Pour quelque chose.
LE DUC DE BELLEGARDE, *éclatant de rire.*
Allons! faites venir le Roi.
Comme elle y va!
MARION.
C'est un refus?
LE DUC DE BELLEGARDE.
Mais je suis vôtre!
En souriant.
Nous sommes-nous jamais rien refusé l'un l'autre?
MARION.
C'est fort bien, monseigneur, mais parlerai-je au Roi?
LE DUC DE BELLEGARDE.
Parlez d'abord au duc. Je vous donne ma foi
Que vous verrez le Roi tout à l'heure au passage.
Mais causons cependant. Çà, petite! est-on sage?
Vous en noir, on dirait une dame d'honneur.
Vous aimiez tant à rire autrefois.
MARION.
Monseigneur,
Je ne ris plus.
LE DUC DE BELLEGARDE.
Pardieu! mais je crois qu'elle pleure.
Vous!
MARION, *essuyant ses larmes, d'une voix ferme.*
Monseigneur le duc, je veux parler sur l'heure
Au Roi.
LE DUC DE BELLEGARDE.
Mais dans quel but?
MARION.
Ah! c'est pour...
LE DUC DE BELLEGARDE.
Est-ce aussi
Contre le cardinal?
MARION.
Oui, duc.
LE DUC DE BELLEGARDE, *lui ouvrant la galerie.*
Entrez ici.
Je mets les mécontents dans cette galerie.
Ne sortez pas avant le signal, je vous prie.
Marion entre. Il referme la porte.
J'eusse pour le marquis fait ce coup hasardeux;
Il n'en coûte pas plus de travailler pour deux.
Peu à peu la salle se remplit de courtisans qui causent entre eux. Le duc de Bellegarde va de l'un à l'autre.
— Entre L'Angely.

SCÈNE V.

LES COURTISANS.

LE DUC DE BELLEGARDE, *au duc de Beaupréau.*
Bonjour, duc.
LE DUC DE BEAUPRÉAU.
Bonjour, duc.
LE DUC DE BELLEGARDE.
Et que dit-on?
LE DUC DE BEAUPRÉAU.
On parle
D'un nouveau cardinal.
LE DUC DE BELLEGARDE.
Qui? l'archevêque d'Arle?
LE DUC DE BEAUPRÉAU.
Non, l'évêque d'Autun. Du moins, tout Paris croit
Qu'il a le chapeau rouge.
L'ABBÉ DE GONDI.
Il lui revient de droit.
C'est lui qui commandait l'artillerie au siége
De La Rochelle.
LE DUC DE BELLEGARDE.
Oui dà!
L'ANGELY.
J'approuve le saint-siège.
Un cardinal du moins fait selon les canons.

L'ABBÉ DE GONDI, *riant*.

Ce fou de L'Angely!

L'ANGELY, *saluant*.

Monsieur sait tous mes noms.

Entre Laffemas. Tous les courtisans l'entourent à l'envi et s'empressent autour de lui. Le duc de Bellegarde les observe avec humeur.

LE DUC DE BELLEGARDE, *à L'Angely*.

Bouffon, quel est cet homme à fourrure d'hermine?

L'ANGELY.

A qui de toute part on fait si bonne mine?

LE DUC DE BELLEGARDE.

Oui. Je n'ai point encor vu cet homme céans.
Est-ce que c'est quelqu'un de monsieur d'Orléans?

L'ANGELY.

On l'accueillerait moins.

LE DUC DE BELLEGARDE, *l'œil sur Laffemas qui se pavane*.

Quels airs de grand d'Espagne!

L'ANGELY, *bas*.

C'est le sieur Laffemas, intendant de Champagne,
Lieutenant-criminel.

LE DUC DE BELLEGARDE, *bas*.

Lieutenant infernal!
Celui qu'on surnommait bourreau du cardinal?

L'ANGELY, *toujours bas*.

Oui.

LE DUC DE BELLEGARDE.

Cet homme à la cour!

L'ANGELY.

Pourquoi pas, je vous prie?
Un chat-tigre de plus dans la ménagerie!
Vous le présenterai-je?

LE DUC DE BELLEGARDE, *avec hauteur*.

Ah, bouffon!

L'ANGELY.

En honneur,
Je le ménagerais si j'étais grand seigneur.
Soyez de ses amis. Voyez! chacun le fête.
S'il ne vous prend la main, il vous prendra la tête.

Il va chercher Laffemas et le présente au duc, qui s'incline d'assez mauvaise grâce.

LAFFEMAS, *saluant*.

Monsieur le duc...

LE DUC DE BELLEGARDE, *saluant*.

Monsieur, je suis charmé...

A part.

Vrai-Dieu!
Où sommes-nous tombés!..--Monsieur de Richelieu!..

Laffemas s'éloigne.

LE VICOMTE DE ROHAN, *éclatant de rire, au fond de la salle, dans un groupe de courtisans*.

Charmant!

L'ANGELY.

Quoi?

M. DE ROHAN.

Marion, là, dans la galerie!

L'ANGELY.

Marion?

M. DE ROHAN.

Je faisais cette plaisanterie :
Marion chez Louis-le-Chaste, c'est charmant!

L'ANGELY.

Oui dà, monsieur, c'est très-spirituel, vraiment!

LE DUC DE BELLEGARDE, *au comte de Charnacé*.

Monsieur le louvetier, avez-vous quelque proie?
Bonne chasse?

LE COMTE DE CHARNACÉ.

Nulle. Hier, j'eus une fausse joie,
Les loups avaient mangé trois paysans. D'abord
J'ai cru que nous aurions force loups à Chambord.
Bah! j'ai fouillé le bois, pas un loup, pas de trace!

A L'Angely.

Fou, que sais-tu de gai?

L'ANGELY.

Rien de ce qui se passe.
Ah! si fait. — On va pendre, à Beaugency, je crois,
Deux hommes pour un duel.

L'ABBÉ DE GONDI.

Bah! pour si peu!
La petite porte dorée s'ouvre.

UN HUISSIER.

Le Roi!

Entre le Roi, tout en noir, pâle, les yeux baissés, avec le Saint-Esprit au pourpoint et au manteau. Chapeau sur la tête. — Tous les courtisans se découvrent et se rangent en silence sur deux haies. — Les gardes baissent leurs piques ou présentent leurs mousquets.

SCÈNE VI.

LES PRÉCÉDENTS, LE ROI.

Le Roi entre à pas lents, traverse sans lever la tête la foule des courtisans, puis s'arrête sur le devant du théâtre, et reste quelques instants rêveur et silencieux. Les courtisans se retirent au fond de la salle.

LE ROI, *sur le devant de la scène*.

Tout va de mal en pis... tout!—

Aux courtisans, avec un signe de tête.

Messieurs, Dieu vous garde!
Il se jette dans un grand fauteuil et soupire profondément.

Ah!... j'ai bien mal dormi, monsieur de Bellegarde!

LE DUC, *s'avançant avec trois profondes révérences*.

Mais, Sire, on ne dort plus maintenant.

LE ROI, *vivement*.

N'est-ce pas?
Tant l'État marche au gouffre et se hâte à grands pas!

LE DUC.

Ah, Sire! il est guidé d'une main forte et large...

LE ROI.

Oui, le cardinal-duc porte une lourde charge!

LE DUC.

Sire!...

LE ROI.

A ses vieilles mains je devrais l'épargner.
Mais, duc, — j'ai bien assez de vivre, sans régner!

LE DUC.

Sire,... le cardinal n'est pas vieux...

LE ROI.

Bellegarde,
Franchement, — nul ici n'écoute et ne regarde,—
Que pensez-vous de lui?

LE DUC.

De qui, Sire?

LE ROI.

De lui.

LE DUC.

De l'éminence?

LE ROI.

Hé oui!

LE DUC.

Mon regard ébloui
Peut se fixer à peine...

LE ROI.

Est-ce votre franchise?

Regardant autour de lui.

Pourtant point d'éminence ici, — rouge ni grise!
Pas d'espion! Parlez, que craignez-vous? Le Roi
Veut votre avis tout franc sur le cardinal.

LE DUC.

Quoi!

Tout franc, sire?

LE ROI.

Tout franc.

LE DUC, *hardiment*.

Eh bien!—C'est un grand homme.

LE ROI.
Au besoin, n'est-ce pas, vous l'iriez dire à Rome?
Entendez-vous?—L'État souffre, entendez-vous bien?
Entre lui qui fait tout, et moi qui ne suis rien.
LE DUC.
Ah!...
LE ROI.
Règle-t-il pas tout, paix, guerre, états, finances?
Fait-il pas lois, édits, mandements, ordonnances?
Il est roi, dis-je! il a dissous par trahison
La ligue catholique; il frappe la maison
D'Autriche, qui me veut du bien,—dont est la reine.
LE DUC.
Sire! il vous laisse faire au Louvre une garenne.
Vous avez votre part!
LE ROI.
Avec le Danemark
Il intrigue!
LE DUC.
Il vous a laissé fixer le marc
De l'argent aux joailliers.
LE ROI, *dont l'humeur s'augmente.*
A Rome il fait la guerre!
LE DUC.
Il vous a laissé seul rendre un édit naguère,
Qui défend qu'un bourgeois, quand même il le vou-
Mange plus d'un écu par tête au cabaret.   [drait,
LE ROI.
Et tous les beaux traités qu'il arrange en cachette!
LE DUC.
Et votre rendez-vous de chasse à la Planchette?
LE ROI.
Lui seul fait tout. Vers lui requêtes et placets
Se précipitent. Moi, je suis pour les Français
Une ombre. En est-il un qui pour ce qu'il désire
Vienne à moi?
LE DUC.
Quand on a les écrouelles, sire!
La colère du Roi va croissant.
LE ROI.
Il veut donner mon ordre à monsieur de Lyon,
Son frère; mais non pas, j'entre en rébellion!
LE DUC.
Mais...
LE ROI.
On m'a dégoûté des siens.
LE DUC.
Sire, l'envie!
LE ROI.
Sa nièce Combalet mène une belle vie!
LE DUC.
La médisance!
LE ROI.
Il a deux cents gardes à pié!
LE DUC.
Mais il n'en a que cent à cheval.
LE ROI.
C'est pitié!
LE DUC.
Sire, il sauve la France.
LE ROI.
Oui, duc! il perd mon âme!
D'un bras il fait la guerre à nos païens. — L'infâme!
De l'autre il signe un pacte aux huguenots suédois.
Bas à l'oreille de Bellegarde.
Puis, si j'osais compter les têtes sur mes doigts,
Les têtes qu'il a fait tomber en Grève! Toutes
De mes amis! Sa pourpre est faite avec des gouttes
De leur sang! Et c'est lui qui m'habille de deuil!
LE DUC.
Traite-t-il mieux les siens? Épargne-t-il Saint-Preuil?
LE ROI.
S'il a pour ceux qu'il aime une tendresse amère,
Certe, il m'aime ardemment!

Brusquement, après un silence, en croisant les bras.
Il m'exile ma mère!
LE DUC.
Mais, Sire, il croit toujours agir à vos souhaits,
Il est fidèle, sûr, dévoué...
LE ROI.
Je le hais!
Il me gêne, il m'opprime! et je ne suis ni maître,
Ni libre, moi qui suis quelque chose peut-être.
A force de marcher à pas si lourds sur moi,
Craint-il pas à la fin de réveiller le Roi?
Car près de moi, chétif, si grande qu'elle brille,
Sa fortune à mon souffle incessamment vacille,
Et tout s'écroulerait si, disant un seul mot,
Ce que je dis tout bas, je le voulais tout haut!
Un silence.
Cet homme fait le bon mauvais, le mauvais pire.
Comme le Roi, l'État, déjà malade, empire.
Cardinal au dehors, cardinal au dedans,
Le Roi jamais! — Il mord l'Autriche à belles dents,
Laisse prendre à qui veut mes vaisseaux dans le golfe
De Gascogne, me ligue avec Gustave-Adolphe...
Que sais-je?... Il est partout comme l'âme du Roi,
Emplissant mon royaume, et ma famille, et moi!
Ah! je suis bien à plaindre!
Allant à la fenêtre.
Et toujours de la pluie!
LE DUC.
Votre Majesté donc souffre bien?
LE ROI.
Je m'ennuie.
Un silence.
Moi, le premier de France, en être le dernier!
Je changerais mon sort au sort d'un braconnier.
O! chasser tout le jour! en vos allures franches,
N'avoir rien qui vous gêne, et dormir sous les bran-
Rire des gens du Roi! chanter pendant l'éclair! [ches!
Et vivre libre au bois, comme l'oiseau dans l'air!
Le manant est du moins maître et roi dans son bouge;
—Mais toujours sous les yeux avoir cet homme rouge,
Toujours là, grave et dur, me disant à loisir :
— « Sire! il faut que ceci soit votre bon plaisir! »
— Dérision! cet homme au peuple me dérobe.
Comme on fait d'un enfant, il me met dans sa robe,
Et quand un passant dit :— Qu'est-ce donc que je vois
Dessous le cardinal? — On répond : C'est le Roi!
—Puis ce sont tous les jours quelques nouvelles listes.
Hier des huguenots, aujourd'hui des duellistes
Dont il lui faut la tête. — Un duel! le grand forfait!
Mais des têtes toujours!—Qu'est-ce donc qu'il en fait?
Bellegarde frappe du pied. — Entrent le marquis de Nangis et Marion.

SCÈNE VII.

LES MÊMES, MARION, LE MARQUIS DE NANGIS.

Le marquis de Nangis s'avance avec sa suite à quelques pas du Roi, et met un genou en terre. Marion tombe à genoux à la porte.

LE MARQUIS DE NANGIS.
Justice!
LE ROI.
Contre qui?
LE MARQUIS DE NANGIS.
Contre un tyran sinistre,
Armand, qu'on nomme ici le cardinal-ministre.
MARION.
Grâce!
LE ROI.
Pour qui?
MARION.
Didier...

LE MARQUIS DE NANGIS.
         Pour le marquis Gaspard
De Saverny.
                LE ROI.
        J'ai vu ces deux noms quelque part.
         LE MARQUIS DE NANGIS.
Sire, grâce et justice!
                LE ROI.
            Et quel titre est le vôtre!
         LE MARQUIS DE NANGIS.
Je suis oncle de l'un.
            LE ROI, à Marion.
                Vous?
             MARION.
                    Je suis sœur de l'autre.
                LE ROI.
Or, çà, l'oncle et la sœur, que voulez-vous ici?
  LE MARQUIS DE NANGIS, *montrant tour à tour les*
                                deux mains du Roi.
De cette main justice, et de l'autre merci.
Moi, Guillaume, marquis de Nangis, capitaine
De cent lances, baron du mont et de la plaine,
Contre Armand Duplessis, cardinal Richelieu,
Requiers mes deux seigneurs, le roi de France et Dieu.
C'est de justice enfin qu'ici je suis en quête.
Gaspard de Saverny, pour qui je fais requête,
Est mon neveu.
         MARION, *bas au marquis.*
            Parlez pour les deux, monseigneur!
       LE MARQUIS DE NANGIS, *continuant.*
Il eut le mois dernier une affaire d'honneur
Avec un gentilhomme, avec un capitaine,
Un Didier, que je crois de noblesse incertaine.
Ce fut un tort. — Tous deux ont fait en braves gens.
Mais le ministre avait aposté des sergents...
                LE ROI.
Je sais l'affaire. Assez. Qu'avez-vous à me dire?
         LE MARQUIS DE NANGIS, *se relevant.*
Je dis qu'il est bien temps que vous y songiez, Sire,
Que le cardinal-duc a de sombres projets,
Et qu'il boit le meilleur du sang de vos sujets.
Votre père Henri, de mémoire royale,
N'eût pas ainsi livré sa noblesse loyale;
Il ne la frappait point sans y fort regarder;
Et, bien gardé par elle, il la savait garder.
Il savait qu'on peut faire, avec des gens d'épées,
Quelque chose de mieux que des têtes coupées,
Qu'ils sont bons à la guerre. Il ne l'ignorait point,
Lui dont plus d'une balle a troué le pourpoint.
Ce temps était le bon. J'en fus, et je l'honore.
Un peu de seigneurie y palpitait encore.
Jamais à des seigneurs un prêtre n'eût touché;
On n'avait point alors de tête à bon marché. [mes,
Sire! en des jours mauvais comme ceux où nous som-
Croyez un vieux, gardez un peu de gentilshommes,
Vous en aurez besoin peut-être à votre tour.
Hélas! vous gémirez peut-être quelque jour
Que la place de Grève ait été si fêtée,
Et que tant de seigneurs de bravoure indomptée,
Vers qui se tourneront vos regrets envieux, [vieux!
Soient morts depuis long-temps qui ne seraient pas
Car nous sommes tout chauds de la guerre civile,
Et le tocsin fifre encor dans la ville.
Soyez plus ménager des peines du bourreau.
C'est lui qui doit garder son estoc au fourreau,
Non pas nous. D'échafauds montrez-vous économe.
Craignez d'avoir à pleurer tel brave homme,
Tel vaillant de grand cœur, dont, à l'heure qu'il est,
Le squelette blanchit aux chaînes d'un gibet!
Sire! le sang n'est pas une bonne rosée;
Nulle moisson ne vient sur la Grève arrosée,
Et le peuple des rois évite le balcon,
Quand aux dépens du Louvre on meuble Montfaucon.
Meurent les courtisans, s'il faut que leur voix aille

Vous amuser, pendant que le bourreau travaille!
Cette voix des flatteurs qui dit que tout est bon,
Qu'après tout on est fils d'Henri quatre, et Bourbon,
Si haute qu'elle soit, ne couvre pas sans peine
Le bruit sourd qu'en tombant fait une tête humaine.
Je vous en donne avis, ne jouez pas ce jeu,
Roi, qui serez un jour face à face avec Dieu.
Donc je vous dis, avant que rien ne s'accomplisse,
Qu'à tout prendre il vaut mieux un combat qu'un sup-
Que ce n'est pas la joie et l'honneur des états [plice;
De voir plus de besogne aux bourreaux qu'aux soldats;
Que c'est un pasteur dur pour la France où vous êtes,
Qu'un prêtre qui se paie une dîme de têtes;
Et que cet homme illustre entre les inhumains
Qui touche à votre sceptre, — a du sang à ses mains!
                LE ROI.
Monsieur le cardinal est mon ami. Qui m'aime
L'aimera!
         LE MARQUIS DE NANGIS.
        Sire!...
                LE ROI.
            Assez. C'est un autre moi-même.
         LE MARQUIS DE NANGIS.
Sire!...
                LE ROI.
    Plus de harangue à troubler nos esprits!
        Montrant ses cheveux qui grisonnent.
Ce sont les harangueurs qui font nos cheveux gris.
         LE MARQUIS DE NANGIS.
Pourtant, Sire, un vieillard, une femme qui pleure!
C'est de vie et de mort qu'il s'agit à cette heure!
                LE ROI.
Que demandez-vous donc?
         LE MARQUIS DE NANGIS.
                    La grâce de Gaspard!
             MARION.
La grâce de Didier!
                LE ROI.
        Tout ce qu'un Roi départ
En grâces trop souvent est pris à la justice.
             MARION.
Ah! Sire! à notre deuil que le Roi compatisse.
Savez-vous ce que c'est? Deux jeunes insensés
Par un duel jusqu'au fond de l'abîme poussés!
Mourir, grand Dieu! mourir sur un gibet infâme!
Vous aurez pitié d'eux! — Je ne sais pas, moi, femme,
Comment on parle aux Rois. Pleurer peut-être est mal;
Mais c'est un monstre enfin que votre cardinal!
Pourquoi leur en veut-il? qu'ont-ils fait? il n'a même
Jamais vu mon Didier. — Hélas! qui l'a vu, l'aime.
— A leur âge, tous deux, les tuer pour un duel! [ciel!
Leurs mères! songez donc! — Ah! c'est horrible! — O
Vous ne le voudrez pas!... — Ah! femmes que nous
                                        [sommes,
Nous ne savons pas bien parler comme les hommes,
Nous n'avons que des pleurs, des cris, et des genoux
Que le regard d'un Roi ploie et brise sous nous!
Ils ont eu tort, c'est vrai. — Si leur faute vous blesse,
Tenez, pardonnez-leur. — Vous savez? la jeunesse!
Mon Dieu! les jeunes gens savent-ils ce qu'ils font?
Pour un geste, un coup d'œil, un mot, — souvent au
                                        [fond
Ce n'est rien, — on se blesse, on s'irrite, on s'emporte,
Les choses tous les jours se passent de la sorte;
Chacun de ces messieurs le sait. Demandez-leur,
Sire. — Est-ce pas, messieurs? — Ah Dieu! l'affreux
                                        [malheur!
Dire que vous pouvez d'un mot sauver deux têtes!
Oh! je vous aimerai, Sire, si vous le faites!
Grâce! grâce! — Oh, mon Dieu! si je savais parler,
Vous verriez, vous diriez : il faut la consoler,
C'est une pauvre enfant, son Didier c'est son âme... —
J'étouffe. Ayez pitié!

LE ROI.
Qu'est-ce que cette dame?
MARION.
Une sœur, Majesté, qui tremble à vos genoux!
Vous vous devez au peuple.
LE ROI.
Oui, je me dois à tous.
Le duel n'a jamais fait de ravages plus amples.
MARION.
Il faut de la pitié, Sire!
LE ROI.
Il faut des exemples.
LE MARQUIS DE NANGIS.
Deux enfants de vingt ans, Sire! songez-y bien.
Ah! leur âge à tous deux fait la moitié du mien.
MARION.
Majesté, vous avez une mère, une femme,
Un fils, quelqu'un enfin que vous aimez dans l'âme,
Un frère, Sire! — Hé bien! pitié pour une sœur!
LE ROI.
Un frère! non, madame.
Il réfléchit un instant.
Ah! si fait. J'ai monsieur.
Apercevant la suite du marquis.
Çà, marquis de Nangis, quelle est cette brigade?
Sommes-nous assiégés? allons-nous en croisade?
Pour nous mener ainsi vos gardes sous les yeux,
Êtes-vous duc et pair?
LE MARQUIS DE NANGIS.
Non, Sire, je suis mieux
Qu'un duc et pair, créé pour des cérémonies;
Je suis baron breton de quatre baronnies.
LE DUC DE BELLEGARDE, *à part*.
L'orgueil est un peu fort et par trop maladroit!
LE ROI.
Bien. Dans votre manoir remportez votre droit,
Monsieur; mais laissez-nous le nôtre sur nos terres.
Nous sommes justicier.
LE MARQUIS DE NANGIS, *frissonnant*.
Sire! au nom de vos pères,
Considérez leur âge et leurs torts expiés.
Il tombe à genoux.
Et l'orgueil d'un vieillard qui se brise à vos pieds.
Grâce!
Le Roi fait un signe brusque de colère et de refus. Il se relève lentement.
Du roi Henri, votre père et le nôtre,
Je fus le compagnon; et j'étais là quand l'autre... [soir
L'autre monstre, — enfonça le poignard... — Jusqu'au
Je gardai mon Roi mort, car c'était mon devoir.
Sire! j'ai vu mon père, hélas! et mes six frères
Choir tour à tour au choc des factions contraires.
La femme qui m'aimait, je l'ai perdue aussi.
Maintenant, — le vieillard que vous voyez ici
Est comme un patient qu'un bourreau, qui s'en joue,
A pour tout un grand jour attaché sur la roue.
Le Seigneur a brisé mes membres tour à tour
De sa barre de fer. — Voici la fin du jour,
    Mettant la main sur sa poitrine.
Et j'ai le dernier coup. — Sire, Dieu vous conserve!
Il salue profondément et sort. Marion se lève péniblement et va tomber mourante dans l'enfoncement de la porte dorée du cabinet du Roi.
LE ROI, *essuyant une larme et le suivant des yeux, à Bellegarde*.
Pour ne pas défaillir il faut qu'un Roi s'observe.
Bien faire est malaisé... Ce vieillard m'a touché...
Il rêve un moment et sort brusquement de son silence.
Aujourd'hui pas de grâce! hier j'ai trop péché.
Se rapprochant de Bellegarde.
Pour vous, duc, avant lui vous veniez de me dire
Mainte chose hardie et qui pourra vous nuire
Quand au cardinal-duc je redirai ce soir
La conversation que nous venons d'avoir.
J'en suis fâché pour vous. Désormais prenez garde.
Bâillant.
Ah! j'ai bien mal dormi, mon pauvre Bellegarde!
Congédiant du geste gardes et courtisans.
Messieurs, laissez-nous seuls. Allez.
A L'Angely.
Demeure, toi.
Tout le monde sort, excepté Marion que le Roi ne voit pas. Le duc de Bellegarde l'aperçoit accroupie au seuil de la porte et va à elle.
LE DUC DE BELLEGARDE, *bas à Marion*.
Vous ne pouvez rester à la porte du Roi.
Qu'y faites-vous, collée ainsi qu'une statue?
Ma chère, allez-vous-en.
MARION.
J'attendrai qu'on m'y tue.
L'ANGELY, *bas au duc*.
Laissez-la, duc.
Bas à Marion.
Restez.
Il revient auprès du Roi, qui s'est assis dans le grand fauteuil et rêve profondément.

SCÈNE VIII.

LE ROI, L'ANGELY.

LE ROI, *avec un soupir profond*.
L'Angely, L'Angely,
Viens! j'ai le cœur malade et d'amertume empli.
Point de rire à la bouche, et dans mes yeux arides
Point de pleurs. Toi qui, seul, quelquefois me dérides,
Viens. — Toi qui n'as jamais peur de ma majesté,
Fais luire dans mon âme un rayon de gaîté.
Un silence.
L'ANGELY.
N'est-ce pas que la vie est une chose amère,
Sire?
LE ROI.
Hélas!
L'ANGELY.
Et que l'homme n'est un souffle éphémère?
LE ROI.
Un souffle, et rien de plus.
L'ANGELY.
N'est-ce pas, dites-moi,
Qu'on est bien malheureux d'être homme et d'être roi,
Sire?
LE ROI.
On a double charge.
L'ANGELY.
Et, plutôt qu'être au monde,
Que mieux vaut le tombeau, si l'ombre en est profonde?
LE ROI.
Je l'ai toujours dit.
L'ANGELY.
Sire! être mort ou pas né,
Voilà le seul bonheur. Mais l'homme est condamné.
LE ROI.
Que tu me fais plaisir de parler de la sorte!
Un silence.
L'ANGELY.
Une fois au tombeau, pensez-vous qu'on en sorte?
LE ROI, *dont la tristesse a été toujours croissante aux paroles du fou*.
Nous le saurons plus tard. — J'en voudrais être là.
Un silence
Fou, je suis malheureux! — Entends-tu bien cela?
L'ANGELY.
Je le vois. — Vos regards, votre face amaigrie,
Votre deuil...
LE ROI.
Et comment veux-tu donc que je rie?

Se rapprochant du fou.
Car avec moi, vois-tu?—tu perds ta peine.—A quoi
Te sert de vivre donc? Beau métier! fou de Roi!
Grelot faussé,—pantin qu'on jette et qu'on ramasse,
Dont le rire vieilli n'est plus qu'une grimace! —
Que fais-tu sur la terre, à jouer arrêté?
Pourquoi vis-tu?
    L'ANGELY.
     Je vis par curiosité.   [l'âme!
Mais vous,—à quoi bon vivre?—Ah! je vous plains dans
Comme vous être roi, mieux vaudrait être femme!
Je ne suis qu'un pantin dont vous tenez le fil;
Mais votre habit royal cache un fil plus subtil
Que tient un bras plus fort; et moi j'aime mieux être
Pantin aux mains d'un Roi, Sire, qu'aux mains d'un
   Un silence.   [prêtre.
 LE ROI, *rêvant, et de plus en plus triste.*
Tu ris, mais tu dis vrai; c'est un homme infernal.
— Satan pourrait-il pas s'être fait cardinal?
Si c'était lui dont j'ai l'âme ainsi possédée?
Qu'en dis-tu?
   L'ANGELY.
    J'ai souvent, Sire, eu la même idée.
   LE ROI.
Ne parlons plus ainsi, ce doit être un péché.
Vois comme le malheur sur moi s'est attaché :
Je viens ici; j'avais des cormorans d'Espagne; —
Pas une goutte d'eau pour pêcher? — La campagne!
Point d'étang assez large en ce maudit Chambord
Pour qu'un ciron s'y voie en s'y mirant du bord!
Je veux chasser;—la mer! je veux pêcher;—la plaine!
Suis-je assez malheureux?
   L'ANGELY.
     Oui, votre vie est pleine
D'affreux chagrins.
   LE ROI.
    Comment me consolerais-tu?
   L'ANGELY.
Tenez, une autre encor. Vous tenez pour vertu,
Avec raison, cet art de dresser les ailes
A la chasse aux perdrix; un bon chasseur, vous l'êtes,
Fait cas du fauconnier.
 LE ROI, *vivement.*
    Le fauconnier est Dieu!
   L'ANGELY.
Eh bien! il en est deux qui vont mourir sous peu.
   LE ROI.
A la fois?
   L'ANGELY.
  Oui.
   LE ROI.
   Qui donc?
   L'ANGELY.
    Deux fameux!
   LE ROI.
     Qui, de grâce?
   L'ANGELY.
Ces jeunes gens pour qui l'on vous demandait grâce...
   LE ROI.
Ce Gaspard? ce Didier?
   L'ANGELY.
    Je crois qu'oui, les derniers.
   LE ROI.
Quelle calamité! vraiment, deux fauconniers!
Avec cela que l'art se perd! Ah! duel funeste!
Moi mort, cet art aussi s'en va,—comme le reste!
— Pourquoi ce duel?
   L'ANGELY.
    Mais l'un à l'autre soutenait
Que l'alète au grand vol ne vaut pas l'alfanet.
   LE ROI.
Il avait tort. — Pourtant le cas n'est pas pendable.
   Un silence.

Mais, après tout, mon droit de grâce est imperdable;
Au gré du cardinal je suis toujours trop doux.
   Un silence.
 A L'Angely.
Richelieu veut leur mort!
   L'ANGELY.
    Sire, que voulez-vous?
 LE ROI, *après réflexion et silence.*
Ils mourront!
   L'ANGELY.
   C'est cela.
   LE ROI.
    Pauvre fauconnerie!
 L'ANGELY, *allant à la fenêtre.*
Voyez donc, Sire!
 LE ROI, *se détournant en sursaut.*
  Quoi?
   L'ANGELY.
    Regardez, je vous prie!
 LE ROI, *se levant et allant à la fenêtre.*
Qu'est-ce?
 L'ANGELY, *lui montrant quelque chose au dehors.*
  On vient relever la sentinelle.
   LE ROI.
      Hé bien?
C'est tout?
   L'ANGELY.
   Quel est ce drôle aux galons jaunes?
   LE ROI.
      Rien.
Le caporal.
   L'ANGELY.
Il met un autre homme à la place.
Que lui dit-il ainsi tout bas?
   LE ROI.
    Le mot de passe.
Bouffon, où veux-tu donc en venir?
   L'ANGELY.
    A ceci :
Que les Rois ici-bas font sentinelle aussi.
Au lieu de pique, ils ont un sceptre qui les charge.
Quand ils ont tout leur temps trôné de long en large,
La mort, ce caporal des rois, met en leur lieu
Un autre porte-sceptre, et de la part de Dieu
Lui donne le mot d'ordre, et ce mot, c'est : CLÉMENCE!
   LE ROI.
Non. C'est JUSTICE. — Ah! deux fauconniers, perte
 — Ils mourront!   [immense!
   L'ANGELY.
   Comme vous, comme moi.—grand, petit,
La mort dévore tout d'un égal appétit. [l'aise.
Mais, tout pressés qu'ils sont, les morts dorment à
Monsieur le cardinal vous obsède et vous pèse;
Attendez, Sire! — Un jour, un mois, l'an révolu,
Lorsque nous aurons bien, durant le temps voulu,
Fait tous trois, moi le fou, vous le roi, lui le maître,
Nous nous endormirons, et si fier qu'on puisse être,
Si grand que soit un homme au compte de l'orgueil,
Nul n'a plus de six pieds de haut dans le cercueil!
Lui, voyez déjà comme en litière on le traîne!...
   LE ROI.
Oui, la vie est bien sombre et la tombe est sereine.—
Si je ne t'avais pas pour m'égayer un peu...
   L'ANGELY.
Sire, précisément, je viens vous dire adieu.
   LE ROI.
Que dis-tu?
   L'ANGELY.
   Je vous quitte.
   LE ROI.
    Allons, quelle folie!
Du service des Rois la mort seule délie.
   L'ANGELY.
Aussi vais-je mourir?

LE ROI.
Es-tu fou pour de bon,
Dis?

L'ANGELY.
Condamné par vous, roi de France et Bourbon.

LE ROI.
Si tu railles, bouffon, dis-nous où nous en sommes?

L'ANGELY.
Sire, j'étais du duel de ces deux gentilshommes.
Mon épée en était, du moins, si ce n'est moi.
Je vous la rends.
Il tire son épée et la présente au Roi un genou en terre.

LE ROI, *prenant l'épée et l'examinant.*
Vraiment! une épée! oui, ma foi,
D'où te vient-elle, ami?

L'ANGELY.
Sire, on est gentilhomme.
Vous n'avez point fait grâce aux coupables, en somme
J'en suis.

LE ROI, *grave et sombre.*
Alors, bonsoir! Laisse-moi, pauvre fou,
Avant qu'il soit coupé, t'embrasser par ton cou.
Il embrasse L'Angely.

L'ANGELY, *à part.*
Il prend terriblement au sérieux la chose!

LE ROI, *après un silence.*
Jamais à la justice un vrai Roi ne s'oppose.
Mais, cardinal Armand, vous êtes bien cruel.
Deux fameux fauconniers et mon fou, pour un duel!
*Il se promène vivement agité et la main sur le front,
puis se tourne vers L'Angely, inquiet.*
Va, va! console-toi, la vie est bien amère,
Mieux vaut la tombe, et l'homme est un souffle éphé-
[mère.

L'ANGELY
Diable!
*Le Roi continue de se promener et paraît violemment
agité.*

LE ROI.
Ainsi, pauvre fou, tu crois qu'ils te pendront?

L'ANGELY, *à part.*
Comme il y va! j'en ai la sueur sur le front!
Haut.
A moins d'un mot de vous...

LE ROI.
Qui donc me fera rire?
Si l'on sort du tombeau, tu viendras me le dire.
C'est une occasion.

L'ANGELY.
Le message est charmant!
*Le Roi continue de se promener à grands pas, adressant
çà et là la parole à L'Angely.*

LE ROI.
L'Angely! quel triomphe au cardinal Armand!
Croisant les bras.
Crois-tu, si je voulais, que je serais le maître?

L'ANGELY.
Montaigne eût dit: *Que sais-je?* et Rabelais: *Peut-être.*

LE ROI, *avec un geste de résolution.*
Bouffon! un parchemin!
*L'Angely lui présente avec empressement un parchemin
qui se trouve sur une table près d'une écritoire. Le
Roi écrit précipitamment quelques mots, puis rend le
parchemin à L'Angely.*
Je vous fais grâce à tous!

L'ANGELY.
A tous trois!

LE ROI.
Oui.

L'ANGELY, *courant à Marion.*
Madame, arrivez! à genoux!
Remerciez le Roi!

MARION, *tremblante, à genoux.*
Nous avons notre grâce?

L'ANGELY.
Et c'est moi...

MARION.
Quels genoux faut-il donc que j'embrasse?
Les vôtres ou les siens?

LE ROI, *étonné, examinant Marion, à part.*
Que veut dire ceci?
Est-ce un piège?

L'ANGELY, *donnant le parchemin à Marion.*
Prenez le papier que voici.
Marion baise le parchemin, et le met dans son sein.

LE ROI, *à part.*
Suis-je dupe?
A Marion.
Un instant, madame! il faut me rendre
Cette feuille...

MARION.
Grand Dieu!
Au Roi avec hardiesse, en montrant sa gorge.
Sire, venez la prendre,
Et m'arrachez aussi le cœur!
Le Roi s'arrête et recule embarrassé.

L'ANGELY, *bas à Marion.*
Bon! gardez-la.
Tenez ferme! le Roi ne met pas ses mains là.

LE ROI, *à Marion.*
Donnez, dis-je!

MARION.
Prenez.

LE ROI, *baissant les yeux.*
Quelle est cette sirène?

L'ANGELY, *bas à Marion.*
Il n'oserait rien prendre au corset de la reine!

LE ROI, *congédiant Marion du geste, après un
moment d'hésitation, et sans lever les yeux sur
elle.*
Hé bien, allez!

MARION, *saluant profondément le Roi.*
Courons sauver les prisonniers!
Elle sort.

L'ANGELY, *au Roi.*
C'est la sœur de Didier, l'un des deux fauconniers.

LE ROI.
Elle est ce qu'elle veut! mais c'est étrange comme
Elle m'a fait baisser les yeux, — moi qui suis homme!
Un silence.
Bouffon! tu m'as joué. C'est un autre pardon
Qu'il faut que je t'accorde.

L'ANGELY.
Hé, Sire! accordez donc!
Toute grâce est un poids qu'un Roi du cœur s'enlève.

LE ROI.
Tu dis vrai. J'ai toujours souffert les jours de Grève.
Nangis avait raison, un mort jamais ne sert,
Et Montfaucon peuplé rend le Louvre désert.
Se promenant à grands pas.
C'est une trahison de venir en face
Au fils du roi Henri rayer son droit de grâce.
Que fais-je ainsi, déchu, détrôné, désarmé?
Comme dans un sépulcre, en cet homme enfermé,
Sa robe est mon linceul, et mes peuples m'ont pleuré!
Non! non! je ne veux pas que ces deux enfants meu-
[rent.
Vivre est un don du ciel trop visible et trop beau.
Après une rêverie.
Dieu qui sait où l'on va peut ouvrir un tombeau,
Un Roi, non! — Je les rends tous deux à leur famille.
Ils vivront. Ce vieillard et cette jeune fille
Me béniront! C'est dit. J'ai signé, moi le Roi!
Le cardinal sera furieux, mais, ma foi,
Tant pis! cela fera plaisir à Bellegarde.

L'ANGELY.
On peut bien une fois être Roi par mégarde!

ACTE CINQUIÈME.

Le donjon de Beaugency. — Un préau. — Au fond, le donjon; tout alentour, un grand mur. — A gauche, une haute porte ogive. A droite, une petite porte surbaissée dans le mur. Près de la porte de droite, une table de pierre, un banc de pierre.

SCÈNE I.

DES OUVRIERS.

Ils travaillent à démolir l'angle du mur du fond à gauche. La brèche est déjà assez avancée.

PREMIER OUVRIER, *piochant.*
Hum! c'est dur!
DEUXIÈME OUVRIER, *piochant.*
Peste soit du gros mur qu'il nous faut
Jeter par terre!
TROISIÈME OUVRIER, *piochant.*
Pierre, as-tu vu l'échafaud?
PREMIER OUVRIER.
Oui.
Il va à la porte et la mesure.
La porte est étroite, et jamais la litière
Du seigneur cardinal n'y passerait entière.
TROISIÈME OUVRIER.
C'est donc une maison?
PREMIER OUVRIER, *avec un geste affirmatif.*
Avec de grands rideaux.
Vingt-quatre hommes à pied la portent sur leur dos.
DEUXIÈME OUVRIER.
Moi, j'ai vu la machine, un soir, par un temps sombre,
Qui marchait... On eût dit Léviathan dans l'ombre.
TROISIÈME OUVRIER.
Que vient-il ici faire avec tant de sergents?
PREMIER OUVRIER.
Voir l'exécution de ces deux jeunes gens.
Il est malade, il a besoin de se distraire.
DEUXIÈME OUVRIER.
Finissons!
Ils se remettent au travail. Le mur est presque démoli.
TROISIÈME OUVRIER.
As-tu vu l'échafaud noir, mon frère?
Ce que c'est qu'être noble!
PREMIER OUVRIER.
Ils ont tout!
DEUXIÈME OUVRIER.
Il faut voir
Si l'on ferait pour nous un bel échafaud noir!
PREMIER OUVRIER.
Qu'ont donc fait ces seigneurs, qu'on les tue? Hein,
Comprends-tu cela, toi?   [Maurice!
TROISIÈME OUVRIER.
Non, c'est de la justice.
Ils continuent de démolir le mur. Entre Laffemas. Les ouvriers se taisent. Il arrive par le fond du théâtre, comme s'il venait d'une cour intérieure de la prison. Il s'arrête devant les ouvriers, et paraît examiner la brèche et leur donner quelques ordres. La brèche finie, il leur fait tendre d'un côté à l'autre un grand drap noir, qui la cache entièrement, puis il les congédie. Presque en même temps, paraît Marion, en blanc, voilée. Elle entre par la grande porte, traverse rapidement le théâtre, et court frapper au guichet de la petite porte. Laffemas se dirige du même côté à pas lents. Le guichet s'ouvre. Paraît le guichetier.

SCÈNE II.

MARION, LAFFEMAS.

MARION, *montrant un parchemin au guichetier.*
Ordre du Roi.
LE GUICHETIER.
Madame, on n'entre pas.
MARION.
Comment?
LAFFEMAS, *présentant un papier au guichetier.*
Signé du cardinal.
LE GUICHETIER.
Entrez.
Laffemas au moment d'entrer se retourne, considère en entrant Marion, et revient vers elle. Le guichetier referme la porte.
LAFFEMAS, *à Marion.*
Mais quoi, vraiment,
C'est encor vous! ici! — L'endroit est équivoque.
MARION.
Oui.
Avec triomphe et montrant le parchemin.
J'ai la grâce!
LAFFEMAS, *montrant le sien.*
Et moi l'ordre qui la révoque.
MARION, *avec un cri d'effroi.*
L'ordre est d'hier matin!
LAFFEMAS.
Le mien de cette nuit.
MARION, *les mains sur ses yeux.*
Oh! plus d'espoir!
LAFFEMAS.
L'espoir n'est qu'un éclair qui luit.
La clémence des Rois est chose bien fragile.
Elle vient à pas lents et fuit d'un pied agile.
MARION.
Pourtant le Roi lui-même à les sauver s'émeut!...
LAFFEMAS.
Est-ce que le Roi peut quand le cardinal veut?
MARION.
O Didier! la dernière espérance est éteinte!
LAFFEMAS, *bas.*
Pas la dernière.
MARION, *à part.*
Ciel!
LAFFEMAS, *se rapprochant d'elle, bas.*
Il est dans cette enceinte, —
Un homme... — qu'un seul mot de vous — peut faire ici
Plus heureux qu'un Roi même, — et plus puissant
MARION.   [aussi?
Oh! va-t'en!
LAFFEMAS.
Est-ce le dernier mot?
MARION, *avec hauteur.*
De grâce!
LAFFEMAS.
Qu'un caprice de femme est chose qui me passe!
Vous étiez autrefois tendre facilement.
Aujourd'hui, — qu'il s'agit de sauver votre amant... —

MARION, *l'interrompant.*

Il faut que vous soyez un homme bien infâme,
Bien vil,—décidément!— Pour croire qu'une femme,
— Oui ! Marion de Lorme, — après avoir aimé
Un homme, le plus pur que le Ciel ait formé,
Après s'être épurée à cette chaste flamme,
Après s'être refait une âme avec cette âme,
Du haut de cet amour si sublime et si doux,
Peut retomber si bas qu'elle aille jusqu'à vous !

LAFFEMAS.

Aimez-le donc !

MARION.

Le monstre ! il va du crime au vice !
Laisse-moi pure !

LAFFEMAS.

Donc je n'ai plus qu'un service
A vous rendre à présent ?

MARION.

Quoi ?

LAFFEMAS.

Si vous voulez voir,
Je puis vous faire entrer. — Ce sera pour ce soir.

MARION, *tremblant de tout son corps.*

Dieu ! ce soir !

LAFFEMAS.

Oui, ce soir.—Pour voir par la portière,
Monsieur le cardinal viendra dans sa litière.

Marion est plongée dans une profonde et convulsive rêverie. Tout à coup elle passe ses deux mains sur son front et se tourne comme égarée vers Laffemas.

MARION.

Comment feriez-vous donc pour les faire évader ?

LAFFEMAS, *bas.*

Si... vous vouliez ?... — Alors je puis faire garder
Cette brèche, par où viendra son éminence,
Par deux hommes à moi...

Il écoute du côté de la petite porte

Du bruit...—On vient, je pense.

MARION, *se tordant les mains.*

Et vous le sauverez ?

LAFFEMAS.

Oui.
Bas.

Pour tout dire ici
Les murs ont trop d'échos... — Ailleurs...

MARION, *avec désespoir.*

Venez !

Laffemas se dirige vers la grande porte, et lui fait signe du doigt de le suivre. — Marion tombe à genoux, tournée vers le guichet de la prison. Puis elle se lève avec un mouvement convulsif et disparait par la grande porte à la suite de Laffemas. — Le petit guichet s'ouvre. Entrent, au milieu d'un groupe de gardes, Saverny et Didier.

SCÈNE III.

DIDIER, SAVERNY.

Saverny, vêtu à la dernière mode, entre avec pétulance et gaieté. Didier tout en noir, pâle, à pas lents. Un geôlier, accompagné de deux hallebardiers, les conduit. Le geôlier place les deux hallebardiers en sentinelle près du rideau noir. — Didier va s'asseoir en silence sur le banc de pierre.

SAVERNY, *au geôlier, qui vient de lui ouvrir la porte.*

Merci !
Le bon air !

LE GEÔLIER, *le tirant à l'écart, bas.*

Monseigneur, à vous deux mots, de grâce.

SAVERNY.

Quatre !

LE GEÔLIER, *baissant de plus en plus la voix.*

Voulez-vous fuir ?

SAVERNY, *vivement.*

Par où faut-il qu'on passe ?

LE GEÔLIER.

C'est mon affaire.

SAVERNY.

Vrai ?

Le geôlier fait un signe de tête.

Monsieur le cardinal,
Vous vouliez m'empêcher de retourner au bal !
Pardieu ! nous danserons encor. La bonne chose
Que de vivre !

Au geôlier.

Ah çà, quand ?

LE GEÔLIER.

Ce soir, à la nuit close.

SAVERNY, *se frottant les mains.*

D'honneur, je suis charmé de quitter ce logis.
D'où me vient ce secours ?

LE GEÔLIER.

Du marquis de Nangis.

SAVERNY.

Mon bon oncle !

Au geôlier.

A propos, c'est pour tous deux, je pense ?

LE GEÔLIER.

Je n'en puis sauver qu'un.

SAVERNY.

Pour double récompense ?

LE GEÔLIER.

Je n'en puis sauver qu'un.

SAVERNY, *hochant la tête.*

Qu'un ?

Bas au geôlier.

Alors, écoutez,

Montrant Didier.

Voilà celui qu'il faut sauver.

LE GEÔLIER.

Vous plaisantez.

SAVERNY.

Non pas. — Lui.

LE GEÔLIER.

Monseigneur, quelle idée est la vôtre !
Votre oncle fait cela pour vous, non pour un autre.

SAVERNY.

Est-ce dit ! en ce cas, préparez deux linceuls.

Il tourne le dos au geôlier, qui sort étonné. — Entre un greffier.

Bon ! — on ne pourra pas rester un instant seuls !

LE GREFFIER, *saluant les prisonniers.*

Messieurs, un conseiller du Roi près la grand'chambre,
Va venir.

Il salue de nouveau et sort.

SAVERNY.
Bien. —
En riant.
Avoir vingt ans, être en septembre,
Et ne pas voir octobre! — est-ce pas ennuyeux?
DIDIER, *tenant le portrait à la main, immobile sur le devant du théâtre, et comme absorbé dans une contemplation profonde.*
Viens, viens. Regarde-moi. — bien, tes yeux sur mes
[yeux.
—Ainsi! —Comme elle est belle! — et quelle grâce é-
[trange!
Dirait-on une femme? Oh non! c'est un front d'ange!
Dieu lui-même, en douant ce regard de candeur,
S'il y mit plus de flamme, y mit plus de pudeur.
Cette bouche d'enfant, qu'entr'ouvre un doux caprice,
Palpite d'innocence!...
Jetant à terre le portrait avec violence.
Oh! pourquoi ma nourrice,
Au lieu de recueillir le pauvre enfant trouvé,
M'a-t-elle pas brisé le front sur le pavé!
Qu'est-ce que j'avais fait à ma mère pour naître!
Pourquoi dans son malheur,—dans son crime peut-
En m'exilant du sein qui dut me réchauffer, [être,—
Fut-elle pas ma mère assez pour m'étouffer!
SAVERNY, *revenant du fond du préau.*
Regardez, mon ami, comme cette hirondelle
Vole bas! il pleuvra ce soir.
DIDIER, *sans l'entendre.*
Chose infidèle
Et folle qu'une femme! être inconstant, amer,
Orageux et profond, comme l'eau de la mer!
Hélas! A cette mer j'avais livré ma voile,
Je n'avais dans mon ciel rien qu'une seule étoile.
J'allais, j'ai fait naufrage, et j'aborde au tombeau!
Pourtant, j'étais né bon, l'avenir m'était beau;
J'avais peut-être même une céleste flamme, —
Un esprit dans le cœur!... — O malheureuse femme!
Oh! n'as-tu pas frémi de me mentir ainsi,
Moi qui laissais aller mon âme à ta merci!
SAVERNY.
C'est encor Marion! — Vous avez vos idées
Là-dessus.
DIDIER, *sans l'écouter, ramassant le portrait et y fixant les yeux.*
Quoi! parmi les choses dégradées
Il faut le rejeter, femme qui m'as trompé!
Démon, d'une aile d'ange aux yeux enveloppé!
Il remet le portrait sur son cœur.
Reviens là, c'est ta place! —
Se rapprochant de Saverny.
Un bizarre prodige!
Ce portrait est vivant.—Il est vivant, te dis-je!
Tandis que tu dormais, en silence et sans bruit,
Écoute, il m'a rongé le cœur toute la nuit!
SAVERNY.
Pauvre ami! — De la mort disons quelque parole.
A part.
Cela m'attriste un peu, mais cela le console.
DIDIER.
Que me demandez-vous? Je n'ai point écouté.
Car depuis qu'on m'a dit ce nom, il m'est resté
Un étourdissement dont j'ai l'âme affaiblie.
Je ne me souviens pas, je ne sais pas, j'oublie.
SAVERNY, *lui prenant le bras.*
La mort?

DIDIER, *avec joie.*
Ah!
SAVERNY.
Parlez-moi de la mort, mon ami.
Qu'est-ce enfin?
DIDIER.
Cette nuit avez-vous bien dormi!
SAVERNY.
Très-mal.—Mon lit est dur, à meurtrir qui le touche!
DIDIER.
Bien.—Quand vous serez mort, mon ami; votre couche
Sera plus dure encor, mais vous dormirez bien.
Voilà tout. On a bien l'enfer, mais ce n'est rien
Près de la vie!
SAVERNY.
Allons! ma crainte s'est enfuie.
Mais, diable! être pendu, voilà ce qui m'ennuie!
DIDIER.
Hé! c'est toujours la mort, n'en demandez pas tant!
SAVERNY.
A votre aise! Mais moi, je ne suis pas content.
Je crains peu de mourir, je le dis sans jactance,
Quand la mort est la mort et n'est pas la potence.
DIDIER.
La mort a mille aspects. Le gibet en est un.
Sans doute ce doit être un moment importun
Quand ce nœud vous éteint comme on souffle une flam-
Et vous serre la gorge, et vous fait jaillir l'âme! [me,
Mais, après tout, qu'importe! et si tout est bien noir,
Pourvu que sur la terre on ne puisse rien voir, —
Qu'on soit sous un tombeau qui vous pèse et vous loue,
Ou que le vent des nuits vous tourmente et se joue
A rouler des débris de vous, que les corbeaux
Ont du gibet de pierre arrachés par lambeaux, —
Qu'est-ce que cela fait?
SAVERNY.
Vous êtes philosophe!
DIDIER.
Que le bec du vautour déchire mon étoffe,
Ou que le ver la ronge, ainsi qu'il fait d'un Roi,
C'est l'affaire du corps : mais que m'importe, à moi!
Lorsque la lourde tombe a clos notre paupière,
L'âme lève du doigt le couvercle de pierre
Et s'envole...
Entre un conseiller, suivi et précédé de hallebardiers en noir.

SCÈNE IV.

LES MÊMES, UN CONSEILLER A LA GRAND'-CHAMBRE, *en grand costume,* GEÔLIERS, GARDES.

LE GEÔLIER, *annonçant.*
Monsieur le conseiller du Roi.
LE CONSEILLER, *saluant tour à tour Saverny et Didier.*
Messieurs, mon ministère est pénible, et la loi
Est sévère...
SAVERNY.
J'entends. Il n'est plus d'espérance.
Hé bien, parlez, monsieur!
LE CONSEILLER.
Il déroule un parchemin et lit.
« Nous, Louis, roi de Franc

» Et de Navarre, au fond, rejetons le pourvoi
» Que lesdits condamnés ont formé près du Roi ;
» Pour la forme, des leurs ayant l'âme touchée,
» Nous communons leur peine à la tête tranchée. »

SAVERNY, *avec joie.*

A la bonne heure.

LE CONSEILLER, *saluant de nouveau.*

Ainsi, messieurs, tenez-vous prêts ;
Ce doit être aujourd'hui.

Il salue et se dispose à sortir.

DIDIER, *qui est resté dans son attitude rêveuse, à Saverny.*

Je disais donc qu'après,
Après la mort, qu'on ait mis le cadavre en claie,
Qu'on ait sur chaque membre élargi quelque plaie,
Qu'on ait tordu les bras, qu'on ait brisé les os,
Qu'on ait souillé le corps de ruisseaux en ruisseaux,
De toute cette chair, morte, sanglante, impure,
L'âme immortelle sort sans tache et sans blessure !

LE CONSEILLER, *revenant sur ses pas, à Didier.*

Messieurs, occupez-vous de passer ce grand pas ;
Pensez-y bien.

DIDIER, *avec douceur.*

Monsieur, ne m'interrompez pas.

SAVERNY, *gaiement à Didier.*

Plus de gibet !

DIDIER.

Je sais ; on a changé la fête.
Le cardinal ne va qu'avec son coupe-tête.
Il faut bien l'employer ; la hache rouillerait.

SAVERNY.

Tiens ! vous prenez cela froidement ! l'intérêt
Est grand pourtant.

Au conseiller.

Merci de la bonne nouvelle.

LE CONSEILLER.

Monsieur, je la voudrais meilleure encor.—Mon zèle...

SAVERNY.

Ah ! pardon. A quelle heure ?

LE CONSEILLER.

A neuf heures, ce soir.

DIDIER.

Bien, que du moins le ciel, comme mon cœur, soit noir.

SAVERNY.

Où sera l'échafaud ?

LE CONSEILLER, *montrant de la main la cour voisine.*

Ici, dans la cour même.
Monseigneur doit venir.

Le conseiller sort avec tout son cortège. Les deux prisonniers restent seuls. Le jour commence à baisser. On aperçoit seulement au fond briller la hallebarde des deux sentinelles qui se promènent en silence devant la brèche.

SCÈNE V.

DIDIER, SAVERNY.

DIDIER, *solennellement, après un silence.*

A ce moment suprême,
Il convient de songer au sort qui nous attend.
Nous sommes à peu près du même âge, et pourtant
Je suis plus vieux que vous. Donc je dois faire en sorte
Que ma voix jusqu'au bout vous guide et vous exhorte.
D'autant plus que c'est moi qui vous perds ; le défi
Vint de moi ; vous viviez heureux, il m'a suffi
De toucher votre vie, hélas ! pour la corrompre.
Votre sort sous le mien a ployé jusqu'à rompre.
Or nous entrons tous deux ensemble dans la nuit
Du tombeau. Tenons-nous par la main...

On entend des coups de marteau.

SAVERNY.

Qu'est ce bruit ?

DIDIER.

C'est l'échafaud qu'on dresse, ou nos cercueils qu'on
[cloue.

Saverny s'assied sur le banc de pierre.

Continuant.

—Souvent au dernier pas le cœur de l'homme échoue.
La vie encor nous tient par de secrets côtés... —

L'horloge sonne un coup.

Mais je crois qu'une voix nous appelle... Écoutez !

Un nouveau coup.

SAVERNY.

Non, c'est l'heure qui sonne.

Un troisième coup.

DIDIER.

Oui, l'heure !

Un quatrième coup.

SAVERNY.

A la chapelle.

Quatre autres coups.

DIDIER.

C'est toujours une voix, frère, qui nous appelle.

SAVERNY.

Encore une heure.

Il appuie ses coudes sur la table de pierre et sa tête sur ses mains. — On vient relever les hallebardiers de garde.

DIDIER.

Ami ! Gardez-vous de fléchir,
De trébucher au seuil qui nous reste à franchir !
Du sépulcre sanglant qu'un bourreau nous apprête
La porte est basse, et nul n'y passe avec sa tête.
Frère ! Allons d'un pas ferme au-devant de leurs coups.
Que ce soit l'échafaud qui tremble, et non pas nous.
On veut notre tête ? hé ! pour n'être pas en faute,
Au bourreau qui l'attend il faut la porter haute.

Il s'approche de Saverny immobile.

Courage !...

Il lui prend le bras, et s'aperçoit qu'il dort.

Il dort. — Et moi qui lui prêchais si bien
Le courage !... Il dormait ! qu'est le mien près du sien !

Il s'assied.

Dors, toi qui peux dormir !—Bientôt me viendra l'heure
De dormir à mon tour. Oh ! — pourvu que tout meure !
Pourvu que rien d'un cœur dans la tombe enfermé
Ne vive pour haïr ce qu'il a trop aimé !

La nuit est tout à fait tombée. Pendant que Didier se plonge de plus en plus dans ses pensées, entrent par la brèche du fond Marion et le geôlier. Le geôlier la précède avec une lanterne sourde et un paquet. Il dépose le paquet et la lanterne à terre ; puis il s'avance avec précaution vers Marion, qui est restée sur le seuil, pâle, immobile, égarée.

SCÈNE VI.

LES MÊMES, MARION, LE GEOLIER.

LE GEOLIER, *à Marion.*

Surtout, soyez dehors avant l'heure indiquée.

Il s'éloigne. Pendant tout le reste de la scène, il continue de se promener de long en large au fond du théâtre.

MARION.

Elle s'avance en chancelant et comme absorbée dans une pensée de désespoir. De temps en temps, elle passe la main sur son visage, comme si elle cherchait à effacer quelque chose.

Sa lèvre est un fer rouge et m'a toute marquée !

Tout à coup, dans l'ombre, elle aperçoit Didier, pousse un cri, court, se précipite, et tombe haletante à ses genoux.

Didier ! Didier ! Didier !

DIDIER, *comme éveillé en sursaut.*

Elle ici ! Dieu !

D'un ton froid.

— C'est vous ?

MARION, *levant la tête.*

Qui veux-tu que ce soit ?—Oh ! laisse ! à tes genoux !
Je me sens si bien là !—Tes mains, tes mains chéries,
Donne-les moi, tes mains ! — Comme ils les ont [meurtries !
Des chaînes, n'est-ce pas ? des fers ?... — Les malheureux !
Je suis ici, vois-tu ? c'est que.,—c'est bien affreux !

Elle pleure. On l'entend sangloter.

DIDIER.

Qu'avez-vous à pleurer ?

MARION.

Non. Est-ce que je pleure ?
Non, je ris.

Elle rit.

Nous allons nous enfuir tout à l'heure.
Je ris, je suis contente, il vivra ! c'est passé !

Elle tombe sur les genoux de Didier, et pleure.

Oh ! tout cela me tue, et j'ai le cœur brisé !

DIDIER.

Madame...

MARION.

Elle se lève sans l'entendre, et court chercher le paquet qu'elle apporte à Didier.

Profitons de l'instant où nous sommes.
Mets ce déguisement. J'ai gagné ces deux hommes.
On peut sans être vu sortir de Beaugency.
Nous prendrons une rue au bout de ce mur-ci.
Richelieu va venir voir comme on exécute
Ses ordres. Gardons-nous de perdre une minute.
Le canon tirera pour sa venue. Ainsi
Tout alors est perdu si nous sommes ici !

DIDIER.

C'est bien.

MARION.

Vite !—Ah mon Dieu ! c'est bien lui ! c'est lui-même !
Sauvé ! Parle-moi donc. Mon Didier, je vous aime !

DIDIER.

Vous dites une rue au détour de ce mur ?

MARION.

Oui, j'en viens, j'ai tout vu. C'est un chemin très-sûr.
J'ai regardé fermer la dernière fenêtre.
Nous y rencontrerons quelques femmes peut-être.
D'ailleurs, on vous prendra pour un passant. Voilà.
Quand vous serez bien loin,— mettez ces habits-là !—
Nous rirons de vous voir déguisé de la sorte.
Vite !

DIDIER, *repoussant les habits du pied.*

Rien ne presse.

MARION.

Ah ! la mort est à la porte !
Fuyons ! Didier ! — C'est moi qui viens ici.

DIDIER.

Pourquoi ?

MARION.

Pour vous sauver ! Grand Dieu ! quelle demande, à [moi !
Pourquoi ce ton glacé !

DIDIER, *avec un sourire triste.*

Vous savez que nous sommes
Bien souvent insensés, nous autres pauvres hommes !

MARION.

Viens ! oh viens ! le temps presse, et les chevaux sont [prêts ;
Tout ce que tu voudras, tu le diras après ;
Mais partons !

DIDIER.

Que fait là cet homme qui regarde ?

MARION.

C'est le geôlier. Il est gagné comme la garde.
Doutez-vous de ces gens ? Vous avez l'air frappé...

DIDIER.

Non, rien. — C'est que souvent on peut être trompé.

MARION.

Oh viens ! —Si tu savais, chaque instant qui s'écoule
Je meurs ; je crois entendre au loin marcher la foule.
Oh ! hâtons-nous de fuir, je t'en prie à genoux !

DIDIER, *montrant Saverny endormi.*

Dites-moi, pour lequel de nous deux venez-vous ?

MARION, *un moment interdite.*

A part.

Gaspard est généreux, il ne m'a point nommée !

Haut.

Est-ce ainsi que Didier parle à sa bien-aimée ?
Mon Didier, qu'avez-vous contre moi ?

DIDIER.

Je n'ai rien.
Voyons, levez la tête et regardez-moi bien.

Marion, tremblante, fixe son regard sur le sien.

Oui, c'est bien ressemblant.

MARION.

Mon Didier, je t'adore ;
Mais viens donc !

DIDIER.

Voulez-vous me regarder encore ?

Il la regarde fixement.

MARION, *terrifiée sous le regard de Didier.*

A part.

Dieu ! les baisers de l'autre, est-ce qu'il les verrait ?

Haut.

Écoutez-moi, Didier, vous avez un secret.
Vous êtes mal pour moi. Vous avez quelque chose !
Il faut me dire tout. Vous savez, on suppose
Souvent le mal ; et puis, plus tard, on est fâché
Quand un malheur survient par un secret caché !

Ah! j'avais autrefois ma part dans vos pensées!
Toutes ces choses-là sont-elles donc passées?
Ne m'aimez-vous donc plus? — Vous souvient-il de
De la petite chambre où j'étais autrefois! [Blois?
Comme nous nous aimions dans une paix profonde,
Que c'était un oubli de toute chose au monde;
Seulement, vous, parfois, vous étiez inquiet.
Souvent j'ai dit:—Mon Dieu! si quelqu'un le voyait!
—C'était charmant!—Un jour a tout perdu.—Chère
[âme,
Combien m'avez-vous dit de fois, en mots de flamme,
Que j'étais votre amour, que j'avais vos secrets,
Que je ferais de vous tout ce que je voudrais!
Quelles grâces jamais vous ai-je demandées?
Vous savez, bien souvent j'entre dans vos idées;
Mais aujourd'hui cédez! — Il y va de vos jours!
Ah! vivez ou mourez, je vous suivrai toujours;
Toute chose avec vous, Didier, me sera douce,
La fuite ou l'échafaud!...—Hé bien! il me repousse!
Laissez-moi votre main, cela vous est égal,
Mon front sur vos genoux ne vous fait pas de mal!
J'ai couru pour venir; je suis bien fatiguée.
Ah! qu'est-ce qu'ils diraient ceux qui m'ont vu si gaie,
Si contente autrefois, de me voir pleurer là!
— As-tu quelque grief sur moi: dis-moi cela!
Hélas! souffre à tes pieds la pauvre malheureuse!
C'est une chose, ami, vraiment bien douloureuse
Que je ne puisse pas obtenir un seul mot
De vous! — Enfin on dit ce qu'on a. — Non, plutôt,
Poignardez-moi. — Voyons, mes larmes sont taries,
Et je veux te sourire, et je veux que tu ries,
Et si tu ne ris pas, je ne t'aimerai plus!
— Je fis assez long-temps tout ce que tu voulus,
C'est ton tour. Dans les fers ton âme s'est aigrie.
Parle-moi, voyons, parle, appelle-moi : Marie!...

DIDIER.

Marie, ou Marion?

MARION, *tombant épouvantée à terre.*

Didier, soyez clément!

DIDIER, *d'une voix terrible.*

Madame, on n'entre pas ici facilement!
Les bastilles d'État sont nuit et jour gardées,
Les portes sont de fer, les murs ont vingt coudées,
Pour que devant vos pas la prison s'ouvre ainsi,
A qui vous êtes-vous prostituée ici?

MARION.

Didier, qui vous a dit?...

DIDIER.

Personne. Je devine.

MARION.

Didier! j'en jure ici par la bonté divine,
C'était pour vous sauver, vous arracher d'ici,
Pour fléchir les bourreaux, pour vous sauver!

DIDIER.

Merci!
Croisant les bras.

Ah! qu'on soit jusque-là sans pudeur et sans âme,
C'est véritablement une honte, madame!
Il parcourt le théâtre à grands pas avec une explosion
de cris de rage.

Où donc est le marchand d'opprobre et de mépris
Qui se fait acheter ma tête à de tels prix?
Où donc est le geôlier? le juge? où donc est l'homme?
Que je le broie ici, que je l'écrase comme
Ceci!

Il brise le portrait entre ses mains.

—Le juge! — Allez, messieurs! faites des lois
Et jugez! Que m'importe, à moi, que le faux poids
Qui fait toujours pencher votre balance infâme
Soit la tête d'un homme ou l'honneur d'une femme!

A Marion.

— Allez le retrouver!

MARION.

Oh! ne me traitez pas
Ainsi! de vos mépris poussée à chaque pas,
Je tremble : un mot de plus, Didier, je tombe morte!
Ah! si jamais amour fut vraie, ardente et forte,
Si jamais homme fut adoré parmi tous,
Didier! Didier! c'est vous par moi!

DIDIER.

Ha! taisez-vous.
— J'aurais pu, — pour ma perte, — aussi, moi, naître
[femme;
J'aurais pu, — comme une autre, — être vile, être in-
Me donner pour de l'or, faire au premier venu [fâme;
Pour y dormir une heure offre de mon sein nu,
Mais s'il était venu vers moi, bonne et facile,
Un honnête homme, épris d'un honneur imbécile;
Si j'avais d'aventure, en passant, rencontré
Un cœur d'illusions encor tout pénétré;—
Plutôt que de ne pas dire à cet homme honnête :
« Je suis cela! » — Plutôt que de lui faire fête;
Plutôt que de ne pas moi-même l'avertir
Que mon œil chaste et pur ne faisait que mentir,
Plutôt qu'être à ce point perfide, ingrate et fausse,
J'eusse aimé mieux creuser de mes ongles ma fosse!

MARION.

Oh!

DIDIER.

Que vous ririez bien si vous pouviez vous voir
Comme vous fit mon cœur, cet étrange miroir!
Que vous avez bien fait de le briser, madame!
Vous étiez là, candide, et pure, et chaste!... ô femme!
Que t'avait fait cet homme, au cœur profond et doux,
Et qui t'a si long-temps aimée à deux genoux?

LE GEOLIER.

L'heure passe.

MARION.

Ah! le temps marche, et l'instant s'envole!
—Didier! je n'ai pas droit de dire une parole,
Je ne suis qu'une femme à qui l'on ne doit rien,
Vous m'avez réprouvée et maudite, et c'est bien,
Et j'ai mérité plus que haine et que risée,
Et vous êtes trop bon, et mon âme brisée
Vous bénit; mais voici l'heure où le bourreau vient,
Lui que vous oubliez, de vous il se souvient;
Mais j'ai disposé tout. Vous pouvez fuir... — Écoute,
Ne me refuse pas, — tu sais ce qu'il m'en coûte —
Frappe-moi, laisse-moi dans l'opprobre où je suis,
Repousse-moi du pied, marche sur moi,—mais fuis!

DIDIER.

Fuir! qui fuir? Il n'est rien que j'aie à fuir au monde
Hors vous,—et je vous fuis,—et la tombe est profonde.

LE GEOLIER.

L'heure passe.

MARION.

Viens, fuis!

DIDIER.

Je ne veux pas!

MARION.

Pitié!...

DIDIER.

Pour qui?

MARION.

Te voir saisi, grand Dieu! te voir lié,
Te voir...—Non, d'y penser, j'en mourrai d'épouvante.

— Oh! dis, viens, viens! veux-tu que je sois ta ser-
Veux-tu me prendre, avec mes crimes expiés, [vante?
Pour avoir quelque chose à fouler sous tes pieds?
Celle que tu daignas nommer aux jours d'épreuve
Épouse...

DIDIER.
Épouse!
On entend le canon dans l'éloignement.
Alors, voici qui vous fait veuve.

MARION.
Didier!...

LE GEOLIER.
L'heure est passée!

Un roulement de tambours. — Entre le conseiller de la Grand'Chambre, accompagné de pénitents portant des torches, du bourreau, et suivi de soldats et de peuple qui inondent le théâtre.

MARION.
Ah!...

SCÈNE VII.

LES MÊMES, LE CONSEILLER, LE BOURREAU,
PEUPLE, SOLDATS, etc.

LE CONSEILLER.
Messieurs, je suis prêt.

MARION, *à Didier.*
Quand je te l'avais dit que le bourreau viendrait?

DIDIER, *au conseiller.*
Nous sommes prêts aussi.

LE CONSEILLER.
Quel est celui qu'on nomme
Marquis de Saverny?
Didier lui montre du doigt Saverny endormi.
— Au bourreau.
Réveillez-le.

LE BOURREAU, *le secouant.*
Mais comme
Il dort! — Hé, monseigneur!

SAVERNY, *se frottant les yeux.*
Ah!... comment ont-ils pu
M'ôter mon bon sommeil?

DIDIER.
Il n'est qu'interrompu.

SAVERNY, *à demi éveillé, apercevant Marion et la saluant.*
Tiens! je rêvais de vous justement, belle dame.

LE CONSEILLER.
Avez-vous bien à Dieu recommandé votre âme?

SAVERNY.
Oui, monsieur.

LE CONSEILLER, *lui présentant un parchemin.*
Bien, veuillez me signer ce papier.

SAVERNY, *prenant le parchemin et le parcourant des yeux.*
C'est le procès-verbal. — Ce sera singulier,
Le récit de ma mort signé de mon paraphe!
Il signe et parcourt de nouveau le papier.

Au greffier.
Monsieur, vous avez fait trois fautes d'orthographe.
Il reprend la plume et les corrige.
Au bourreau.
Toi qui m'as éveillé, tu vas me rendormir.

LE CONSEILLER, *à Didier.*
Didier?

Didier se présente. Il lui passe la plume.
Votre nom là.

MARION, *se cachant les yeux.*
Dieu! cela fait frémir!

DIDIER, *signant.*
Jamais à rien signer je n'eus autant de joie!
Les gardes font la haie, et les entraînent tous deux.

SAVERNY, *à quelqu'un de la foule.*
Monsieur, rangez-vous donc pour que cet enfant voie.

DIDIER, *à Saverny.*
Mon frère! c'est pour moi que vous faites ce pas,
Embrassons-nous.
Il embrasse Saverny.

MARION, *courant à lui.*
Et moi! vous ne m'embrassez pas?
Didier, embrassez-moi!

DIDIER, *montrant Saverny.*
C'est mon ami, madame.

MARION, *joignant les mains.*
Oh! que vous m'accablez durement, faible femme
Qui, sans cesse aux genoux ou du juge ou du Roi,
Demande grâce à tous pour vous, à vous pour moi!

DIDIER.
Il se précipite vers Marion, haletant et fondant en larmes.
Hé bien non! non, mon cœur se brise! c'est horrible!
Non, je l'ai trop aimée! il est bien impossible
De la quitter ainsi! — Non! c'est trop malaisé
De garder un front dur quand le cœur est brisé!
Viens! oh viens dans mes bras!
Il la serre convulsivement dans ses bras.
Je vais mourir; je t'aime,
Et te le dire ici, c'est le bonheur suprême!

MARION.
Didier!...
Il l'embrasse de nouveau avec emportement.

DIDIER.
Viens! pauvre femme! — Ah! dites-moi, vraiment,
Est-il un seul de vous qui dans un tel moment
Refusât d'embrasser la pauvre infortunée
Qui s'est à lui sans cesse et tout à fait donnée?
J'avais tort! j'avais tort! — Messieurs, voulez-vous
Que je meure à ses yeux sans pitié, sans pardon? [donc
— Oh! viens, que je te dise! — Entre toutes les femmes,
Et ceux qui sont ici m'approuvent dans leurs âmes,
Celle que j'aime, celle à qui reste ma foi,
Celle que je vénère enfin, c'est encor toi! —
Car tu fus bonne, douce, aimante, dévouée! —
Écoute-moi : — ma vie est déjà dénouée,
Je vais mourir, la mort fait tout voir au vrai jour.
Va, si tu m'as trompé, c'est par excès d'amour!
— Et ta chute d'ailleurs, ne l'as-tu pas expiée?
— Ta mère en ton berceau t'a peut-être oubliée
Comme moi. — Pauvre enfant! toute jeune, ils auront
Vendu ton innocence!... — Ah! relève ton front!
— Écoutez tous : — à l'heure où je suis, cette terre

3

S'efface comme une ombre, et la bouche est sincère !
Hé bien, en ce moment, — du haut de l'échafaud,
—Quand l'innocent y meurt, il n'est rien de plus haut !
Marie, ange du ciel que la terre a flétrie,
Mon amour, mon épouse, — écoute-moi, Marie, —
Au nom du Dieu vers qui la mort va m'entraînant,
Je te pardonne !

MARION, *étouffée de larmes.*

O Ciel !

DIDIER.

A ton tour maintenant,
Il s'agenouille devant elle.

Pardonne-moi !

MARION.

Didier !...

DIDIER, *toujours à genoux.*

Pardonne-moi, te dis-je !
C'est moi qui fus méchant. Dieu te frappe et t'afflige
Par moi. Tu daigneras encor pleurer ma mort.
Avoir fait ton malheur, va, c'est un grand remord.
Ne me le laisse pas, pardonne-moi, Marie !

MARION.

Ah !...

DIDIER.

Dis un mot, tes mains sur mon front, je t'en prie,
Ou si ton cœur est plein, si tu ne peux parler,
Fais-moi signe... je meurs, il faut me consoler !
Marion lui impose les mains sur le front. Il se relève et l'embrasse étroitement, avec un sourire de joie céleste.
Adieu ! — Marchons, messieurs !

MARION.

Elle se jette égarée entre lui et les soldats.

Non, c'est une folie !
Si l'on croit t'égorger aisément, on oublie
Que je suis là !—Messieurs, messieurs, épargnez-nous !
Voyons, comment faut-il qu'on vous parle ? à genoux ?
M'y voilà. Maintenant, si vous avez dans l'âme
Quelque chose qui tremble à la voix d'une femme,
Si Dieu ne vous a pas maudits et frappés tous,
Ne me le tuez pas ! —

Aux spectateurs.

Et vous, messieurs, et vous,
Lorsque vous rentrerez ce soir dans vos familles,
Vous ne manquerez pas de mères et de filles [fait !
Qui vous diront :—Mon Dieu ! c'est un bien grand for-
Vous pouviez l'empêcher, vous ne l'avez pas fait !
— Didier ! on doit savoir qu'il faut que je vous suive.
Ils ne vous tueront pas s'ils veulent que je vive !

DIDIER.

Non, laisse-moi mourir. Cela vaut mieux, vois-tu ?
Ma blessure est profonde, amie ! elle aurait eu
Trop de peine à guérir. Il vaut mieux que je meure.
Seulement si jamais,—vois-tu comme je pleure ?—
Un autre vient vers toi, plus heureux ou plus beau,
Songe à ton pauvre ami couché dans le tombeau !

MARION.

Non ! tu vivras pour moi, sont-ils donc inflexibles ?
Tu vivras !

DIDIER.

Ne dis pas des choses impossibles ;
A ma tombe plutôt accoutume tes yeux.

Embrasse-moi. Vois-tu ? mort, tu m'aimeras mieux.
J'aurai dans ta mémoire une place sacrée ;
Mais vivre près de toi, vivre l'âme ulcérée,
O ciel ! Moi qui n'aurais jamais aimé que toi,
Tous les jours, peux-tu bien y songer sans effroi,
Je te ferais pleurer, j'aurais mille pensées
Que je ne dirais pas, sur les choses passées.
J'aurais l'air d'épier, de douter, de souffrir.
Tu serais malheureuse ! — Oh ! laisse-moi mourir !

LE CONSEILLER, *à Marion.*

Il faut dans un moment que le cardinal passe.
Il sera temps encor de demander leur grâce.

MARION.

Le cardinal ! c'est vrai. Le cardinal viendra.
Il viendra. Vous verrez, messieurs, qu'il m'entendra.
Mon Didier, tu vas voir ce que je vais lui dire.
Ah ! comment peux-tu croire, enfin c'est du délire,
Que ce bon cardinal, un vieillard, un chrétien,
Ne te pardonne pas ? — Tu me pardonnes bien !
Neuf heures sonnent. — Didier fait signe à tous de se taire. Marion écoute avec terreur. — Les neuf coups sonnés, Didier s'appuie sur Saverny.

DIDIER, *au peuple.*

Vous qui venez ici pour nous voir au passage,
Si l'on parle de nous, rendez-nous témoignage
Que tous deux sans pâlir nous avons écouté
Cette heure qui pour nous sonnait l'éternité !
Le canon éclate à la porte du donjon. Le voile noir qui cachait la brèche du mur tombe. Paraît la litière gigantesque du cardinal, portée par vingt-quatre gardes à pied, entourée par trente autres gardes portant des hallebardes et des torches. Elle est écarlate et armoriée aux armes de la maison de Richelieu. Les rideaux de la litière sont fermés. Elle traverse lentement le fond du théâtre. Rumeur dans la foule.

MARION, *se traînant sur les mains jusqu'à la litière et se tordant les mains.*

Au nom de votre Christ, au nom de votre race,
Grâce ! grâce pour eux, monseigneur !

UNE VOIX, *sortant de la litière.*

Pas de grâce !
Marion tombe sur le pavé. — La litière passe, et le cortége des deux condamnés se met en marche et sort à sa suite. — La foule se précipite sur leurs pas à grand bruit.

MARION, *seule.*

Elle se relève à demi et se traîne sur les mains en regardant autour d'elle.

Qu'a-t-il dit ?— Où sont-ils ?— Didier ! Didier ! plus rien.
Personne ici !... Ce peuple !... Était-ce un rêve ? ou
Est-ce que je suis folle ? [bien
Rentre le peuple en désordre. — La litière reparaît au fond du théâtre par le côté où elle a disparu. — Marion se lève et pousse un cri terrible.

Il revient !

LES GARDES, *écartant le peuple.*

Place ! place !

MARION, *debout, échevelée et montrant la litière au peuple.*

Regardez tous ! voilà l'homme rouge qui passe !

Elle tombe sur le pavé.

FIN.

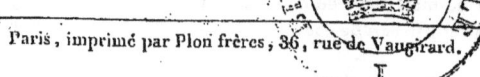

Paris, imprimé par Plon frères, 36, rue de Vaugirard.

OEUVRES COMPLÈTES
DE VICTOR HUGO,

DE L'ACADÉMIE FRANÇAISE.

NOUVELLE ÉDITION ORNÉE DE 55 MAGNIFIQUES GRAVURES SUR ACIER, EXÉCUTÉES PAR NOS MEILLEURS ARTISTES.

23 VOLUMES IN-8°, SUR PAPIER CARRÉ SUPERFIN SATINÉ, 77 FR.

On peut acheter séparément chaque ouvrage et chaque pièce de théâtre.

POÉSIES, 7 VOLUMES.

ODES ET BALLADES, 2 volumes.	5	»
LES ORIENTALES, 1 volume.	3	»
LES FEUILLES D'AUTOMNE, 1 volume.	3	»
LES CHANTS DU CRÉPUSCULE, 1 volume.	3	»
LES VOIX INTÉRIEURES, 1 volume.	3	»
LES RAYONS ET LES OMBRES, 1 volume.	3	»

ROMANS, 7 VOLUMES.

NOTRE-DAME DE PARIS, 3 volumes.	10	50
HAN D'ISLANDE, 2 volumes.	5	»
BUG-JARGAL, 1 volume.	3	»
LE DERNIER JOUR D'UN CONDAMNÉ, 1 volume.	3	»

THÉATRE, 5 VOLUMES.

	CROMWELL, 2 volumes.	4	»
	HERNANI.	2	»
1 volume.	MARION DE LORME.	2	»
	LE ROI S'AMUSE.	2	»
	LUCRÈCE BORGIA.	2	»
1 volume.	MARIE TUDOR.	2	»
	ANGELO, TYRAN DE PADOUE.	2	»
1 volume.	RUY BLAS.	2	»
	LES BURGRAVES.	2	»

ŒUVRES DIVERSES.

LITTÉRATURE ET PHILOSOPHIE MÊLÉES, 2 volumes. . . .	5	»
LE RHIN, 4 volumes.	20	»

Chez MICHAUD, Libraire, 2, Boulevard Saint-Martin,
ET AU SIÉGE DE LA SOCIÉTÉ, 49, RUE M. LE PRINCE.

Paris. — Imprimé par Plon frères, rue de Vaugirard, 36.

www.ingramcontent.com/pod-product-compliance
Lightning Source LLC
Chambersburg PA
CBHW060551050426
42451CB00011B/1848